はばたけ日本語

山口 隆正 編著

田中 洋子
福嶋 美知子
張 樺
秋山 智美

八千代出版

はじめに

　グローバル化が進み、各国間の情報が手軽に手に入る時代になってきた。品物の往来が容易になるとともに、人の交流もますます盛んになってきた。とりわけ、情報に関してはコンピューターが導入され、ソーシャル・ネットワークが普及して、一瞬のうちに地球規模で世界の動きが理解ができる時代となった。まさに隔世の感である。

　さて、このような状況下、日本の大学へ入学をする留学生の国籍は多様化しているが、日本語力・基礎学力の弱い学生が、ここ数年間増えてきたように思う。

　【平成25年5月1日現在】総留学生数 = 13万5519人（前年度比2237人増）。

　出身国別留学生数上位5位は、中国 = 8万1884人、韓国 = 1万5304人、ベトナム = 6290人、台湾 = 4719人、ネパール = 3188人。　　　　　　　　（日本学生支援機構より）

　なお、留学生数の昨年度比は、中国（-4440人）、韓国（-1347人）、ベトナム（+1917人）である。また、来日をする目的も、ただ単に「日本」への興味からだけではなく、クールジャパンと称されるアニメ・ファッション・日本料理等に至るまで、種々様々な理由が表れてきているのが現状である。

　そこで、翻って、我々日本語教員が留学生に対して、大学在籍中に「日本語」の授業中に何を指導できるかを数年にわたり考えてきた。大学のカリキュラムの中の多くは、言語四技能（読む・書く・話す・聴く）の向上が図られている。しかし、1冊の中で網羅されている市販教材は多くなく、教員側も学生のレベルに合わせて生教材等を用意をすることが少なくないのが実際である。以上の経緯により、今般、日本語教員5名の協同により、学部留学生を対象に本冊を作製することとした。

　本書は、日本語能力試験N2のレベルの確認とN1合格を全体のコンセプトとし、作製に及んだ。また、それぞれの章立ては各章ごとに2トピックを入れ、後半部分に進むにつれて文型・語彙の難易度も上がるよう段階を踏んで作られているので、多読用教材として扱われても十分な構成になっている。さらに、各章の文章の内容は日常生活の中から、身近で親しみやすい話題を取り上げ、楽しく、堅苦しくならないように努めた。

　最後に、本書のタイトルは、留学生の将来を見据えて『はばたけ　日本語』とし、筆者側から留学生への期待の表れの意味で名づけた。

　本書を作製するにあたり、八千代出版株式会社の社長でいらっしゃる森口恵美子氏ならびに編集・校正をしてくださいました井上貴文氏より多くの御助言を頂戴した。この場をお借りして感謝すると同時に御礼を申し上げたい。

　　2015年　冬　　　　　　　　　　　　　　　　　　　　　　　編著者　山口　隆正

目　次

はじめに　i
本書の使い方　v

第 1 章	§1	酒のつきあい	1
	§2	インスタント食品	4
第 2 章	§1	健康産業の隆盛	7
	§2	日本のスポーツ文化	10
第 3 章	§1	携帯電話依存症	13
	§2	電子図書と紙の本	16
第 4 章	§1	子どもと不登校	19
	§2	制　服	22
第 5 章	§1	スポーツくじ	25
	§2	食のタブー	28
第 6 章	§1	和　食	30
	§2	立ち食いそば	33
第 7 章	§1	年齢とお祝い	36
	§2	メイド・イン・チャイナ	39
第 8 章	§1	蒸し暑い日本の夏	43
	§2	ゴミ問題	46
第 9 章	§1	日本のファストファッション	49
	§2	マンガ大国ニッポン！	52
第 10 章	§1	若者と就職難	55
	§2	日本企業の今	58
第 11 章	§1	日本のカラス	61
	§2	日本人とペット	63
第 12 章	§1	恋愛結婚と見合い結婚	66
	§2	将来のマイホーム像	69
第 13 章	§1	日本での恐ろしいもの	72
	§2	家族の団らん	74

参考文献　77
N1 文型リスト　80
N2 文型リスト　82
索　引　84

本書の使い方

【先生方に】

　『はばたけ　日本語』は使用対象者を主に大学生から大学予備教育での別科生を中心に、さらに日本語学校生まで広く留学生向けに作製した教材です。章立てとして、1章に2トピックを入れた13章から構成されています。つまり全体として、26トピックの文章に触れられる内容となっています。

　また、本教材を総合教材として使用される場合は、対象の学生にもよりますが、1年間、前期15回・後期15回の授業時間を想定した場合、終了できうる教材として作製しました（標準的には1コマ90分授業で1章2トピックの消化を目指していただきたい）。

　さらに、本書を機能別教材としてご使用いただく場合は、それぞれの章でのトピックが多岐にわたっているので、先生方に適宜、柔軟にご使用いただければと思います。

【学生のみなさんに】

　1　本文　は、1つのトピックを500字以内の短い文章に簡潔にまとめあげました。1文・1文を丁寧に読み込むというよりも、むしろ、速読をして全体としての要点を考え、文章の展開および流れを摑むことに重点をおいて読み進めましょう。

　2　ことば　は、漢語・和語・外来語とトピックの内容に即して提示しています。それぞれにルビ振りがしてありますので、自習にも適しています。かっこ内の読み方から、濁音・促音など日本語独特の読み方にも注意してみましょう。中には、専門的なことばも含まれていますが、予習をして意味を明確にして授業に臨んでください。

　3　読もう　は、本文の内容に関して○×または記述式で内容を問う問題となっています。

　この問題で十分に答えられなかった場合は、読み方が浅いことになります。再度、読み返してみましょう。

　4　文型　は、日本語能力試験（N2またはN1）相当の文型を取り上げ、さらに、例文を2例ずつ加えています。授業前には辞書・用例集などで使い方を予習し、授業で確認し、文型を使えることを目指しましょう。

　5　会話　は、本文のトピックに応じて会話のテーマが設定されています。自分の意見・考え方が盛り込まれるような会話の方法を考えてみましょう。

　6　作文　は、実際に自分の主張・見方を作文用紙に書いてみてください。細かい文法事項を心配するのではなく、まずは1文字・1行を書いて、それを積み重ねていきましょう。

なお、本書中の各課にイラストが入っています。このイラストは、作成者の御一人の秋山智美先生が提供してくださった作品です。イラストから本文に即して作文・会話など幅広く利用して欲しいものです。付記して秋山先生に感謝する次第です。

第 1 章

§1 酒のつきあい

1 本文　　次の文を読みましょう。

　世界各国では多種多様なお酒が飲まれています。日本と同じように世界中の国でもお酒が人と人とを繋ぐ大切なコミュニケーションツールになっています。私たちの身の回りを見てみると、パーティーや年末年始、冠婚葬祭などの行事①をはじめ、仲間との宴席や接待、同窓会などにも必ずお酒が用意されます。それほど、人々の生活の中にお酒は深く②関わっているのです。日本では、「人を知るにはお酒が近道」といわれます。たしかに、お酒の席では、本音で話しやすくなります。それは、お酒にはストレスや緊張を和らげる効果があるからでしょう。それで、お酒はプライベートでもビジネスの場でもコミュニケーションツールとして生かされています。また、昔から、日本人はお祭りなどの神事③に際して、神様にお酒をお供えしてきました。これを「お神酒（みき）」といいます。お祭りは神様との共飲共食、つまり人間側から見れば神様とのコミュニケーションといえるでしょう。

2 ことば　　ことばを覚えましょう。

世界各国（せかいかっこく）	多種多様（たしゅたよう）	コミュニケーションツール（communication tool）
身の回り（みのまわり）	パーティー（party）	年末年始（ねんまつねんし）
冠婚葬祭（かんこんそうさい）	宴席（えんせき）	接待（せったい）
同窓会（どうそうかい）	～しやすい	ストレス（stress）
緊張（きんちょう）	和らげる（やわらげる）	効果（こうか）
プライベート（private）	ビジネス（business）	生かす（いかす）
神事（しんじ）	お供えする（おそなえする）	共飲共食（きょういんきょうしょく）

3 読もう　　本文を読んで〇か×かを答えましょう。

(1)　お酒は人のコミュニケーションツールである。　　　　　　　　　　（　　　　）
(2)　人々はお酒を飲むと本音で話すことができない。　　　　　　　　　（　　　　）
(3)　お酒にはストレスや緊張を和らげる効果がある。　　　　　　　　　（　　　　）
(4)　お酒はビジネスにおいてコミュニケーションツールにならない。　　（　　　　）

(5) 「お神酒」は人が飲む酒のことをいう。　　　　　　　　　（　　　　）

4　文　型　　　あたらしい文型を学びましょう。

① ～をはじめ（として）
[本　文] 行事をはじめ、仲間との宴席や接待、同窓会などにも必ずお酒が用意されます。
[例文１] この料理は子どもをはじめ大人にも人気があります。
[例文２] リンゴは野生動物をはじめ、人間にも好んで食べられる果物です。

② ～に関わる
[本　文] 人々の生活の中にお酒は深く関わっているのです。
[例文１] 生活意識は健康に大きく関わっています。
[例文２] 将来は貿易に関わる仕事がしたい。

③ ～に際して
[本　文] 昔から、日本人はお祭りなどの神事に際して、神様にお酒をお供えしてきました。これを「お神酒（みき）」といいます。
[例文１] このカードのご利用に際しては、限度額にお気をつけください。
[例文２] スポーツの試合観戦に際しての人々のマナー意識は国ごとに違う。

5　会　話　　　本文に関する話題を話しましょう。

(1) あなたの国にはどのようなお酒がありますか。
　　_____

(2) あなたの国でもお酒のつきあいはありますか。
　　_____

(3) あなたの国のお酒を飲む場はどのような時ですか。
　　_____

(4) あなたの国でお酒に関することばやことわざはありますか。
　　_____

(5) お酒の長所と短所は何ですか。それぞれ挙げてください。

---

6 作文　　書きましょう。

(1) 「お酒の思い出」
(2) 「自国の自慢のお酒」【例】「チンタオビール」

7 資料　　知識を深めましょう。

◎お神酒(みき)　祭礼(さいれい)において、お神酒(みき)（日本酒が使われることが多い）を神前(しんぜん)に供(そな)え、祭礼の終了後、お神酒をいただく。神に供えられ、霊が宿(やど)った酒をいただくことは、人が神と同じものを飲食(いんしょく)するという意味がある。

§2 インスタント食品

1 本文　　次の文を読みましょう。

みなさんの中にインスタントラーメンを知らないという人がいますか？
インスタントラーメンは1958年に日本で発売されました。開発したのは安藤百福さん。戦争中に野戦食①<u>として</u>研究されていたのを引きつぎ、完成・発売しました。お湯で煮れ②<u>ばすぐ</u>ラーメンができるのですから便利な③<u>もの</u>です。経済成長期の日本で、夜遅くまで仕事をする会社員や受験生に爆発的に売れました。
安藤さんは「貧しい国の人々にこそ食べてほしい」と特許を取りませんでしたから、これはすぐにアジア全域に広まりました。それぞれの国の人の好みに合ったラーメンが作られたのです。
インスタント食品は戦争のために開発されてきました。インスタントコーヒーはアメリカ軍が開発したものです。が、できあがったものは簡単な食事または非常食として広く使われています。これからも戦争に関係なくいろいろなインスタント食品ができてほしい③<u>もの</u>です（でも、インスタント食品ばかり食べてはいけませんよ）。

2 ことば　　ことばを覚えましょう。

開発する（かいはつする）	野戦食（やせんしょく）	煮る（にる）
経済成長（けいざいせいちょう）	受験生（じゅけんせい）	爆発的（ばくはつてき）
特許（とっきょ）	全域（ぜんいき）	好みに合う（このみにあう）
簡単な（かんたんな）	非常食（ひじょうしょく）	

3 読もう　　本文を読んで○か×かを答えましょう。

(1) インスタントラーメンはアメリカで開発された。　　　　　（　　　）
(2) インスタントラーメンは日本では売れなかった。　　　　　（　　　）
(3) 安藤さんはインスタントラーメンの特許を取らなかった。　（　　　）
(4) インスタント食品は戦争と関係ない。　　　　　　　　　　（　　　）
(5) インスタントラーメンはいろいろな国で作られている。　　（　　　）

4 文　型　　あたらしい文型を学びましょう。

① ～として
[本　文] 戦争中に野戦食として研究されていたのを引きつぎ、完成・発売しました。
[例文１] 彼は大統領として宣誓した。
[例文２] あのホテルは今、老人ホームとして利用されている。

② ～ばすぐ
[本　文] お湯で煮ればすぐラーメンができるのですから便利なものです。
[例文１] 帰国すればすぐ仕事ができる。
[例文２] 給料をもらえばすぐ返すから……。

③ ～ものだ
[本　文] お湯で煮ればすぐラーメンができるのですから便利なものです。……いろいろなインスタント食品ができてほしいものです。
[例文１] あの子も大学を卒業したのだからりっぱなものだ。
[例文２] 公園は春になると桜が咲いて、きれいなものだよ！

5 会　話　　本文に関する話題を話しましょう。

(1) あなたはインスタントラーメンを週にどのくらい食べますか。

_____

(2) あなたの国のインスタントラーメンにはどのようなものがありますか。日本のものとどのような違いがありますか。

_____

_____

(3) 安藤さんが特許を取らなかったことについてどう思いますか。また、あなただったらどうしますか。

_____

（4） インスタント食品が戦争から生まれたことを知っていましたか。

_____

6　作　文　　書きましょう。

（1）「インスタント食品にまつわる思い出」（「私とインスタント〜」）
（2）「あなたの国のインスタント食品の紹介」（「私の国のインスタント食品」）
（3）「これからのインスタント食品」

第 2 章

§1　健康産業の隆盛

1　本文　　　次の文を読みましょう。

　現在、世界中で健康に関する話題が多く聞かれます。日本でも週末①ともなると、皇居周回のコースはジョギングを楽しむ人たちで賑わっています。健康を維持するために「適度な運動」が必要なことは事実ですが、今の日本は、若者②はもちろん年配者も「一億総健康ブーム」という状況です。
　健康志向の高まりや高齢化社会への対応から、いわゆる「健康産業」といわれる分野に参入する企業が多く見受けられるようになりました。
　従来、健康産業③とは、医療機器や健康関連施設、健康食品の③ことですが、最近ではこの3分野④だけでなく、スポーツ、レジャーなどのさまざまな分野に④も市場は拡大しています。特に食品分野⑤において、ますます需要が見込まれています。それは、毎日のように放送されるテレビのCM、新聞をはじめとする広告の多さを見れば明らかです。
　超高齢化社会を迎え、私たちの健康への意識は年々高まりを見せています。

2　ことば　　　ことばを覚えましょう。

隆盛（りゅうせい）	週末（しゅうまつ）	皇居周回（こうきょしゅうかい）
ジョギング（jogging）	賑わう（にぎわう）	維持する（いじする）
一億総健康（いちおくそうけんこう）	ブーム（boom）	健康志向（けんこうしこう）
高齢化社会（こうれいかしゃかい）	参入する（さんにゅうする）	医療機器（いりょうきき）
レジャー（leisure）	市場（しじょう）	拡大する（かくだいする）
需要（じゅよう）	見込まれる（みこまれる）	CM（commercial message）
広告（こうこく）	意識（いしき）	

3　読もう　　　本文を読んで○か×かを答えましょう。

(1)　健康を維持するには「激しい運動」をしたほうがいい。　　　　　　（　　　）
(2)　健康産業に参入する企業が増えている。　　　　　　　　　　　　　（　　　）
(3)　健康産業には、スポーツ、レジャーは含まれない。　　　　　　　　（　　　）

4 文　型　　あたらしい文型を学びましょう。

① ～ともなると
[本　文] 日本でも週末ともなると、皇居周回のコースはジョギングを楽しむ人たちで賑わっています。
[例文1] 社長ともなると休みはほとんどない。
[例文2] オリンピックともなると代表になるのは簡単ではない。

② ～はもちろん～も（まで）
[本　文] 今の日本は、若者はもちろん年配者も「一億総健康ブーム」という状況です。
[例文1] 野球はもちろん、サッカーも日本人の好きなスポーツです。
[例文2] 彼は、英語はもちろん、スペイン語、フランス語も上手だ。

③ ～と（いうの）は～こと（もの）だ
[本　文] 従来、健康産業とは、医療機器や健康関連施設、健康食品のことですが
[例文1] 核家族とは、両親と子どもだけの家族のことだ。
[例文2] 「人の一生とは、重い荷物を背負って長い道を歩くようなものだ」（徳川家康）。

④ ～だけでなく～も
[本　文] 最近ではこの3分野だけでなく、スポーツ、レジャーなどのさまざまな分野にも市場は拡大しています。
[例文1] 彼は勉強だけでなくスポーツもよくできる。
[例文2] このレストランはおいしいだけでなく、値段も安い。

⑤ ～において
[本　文] 特に食品分野において、ますます需要が見込まれています。
[例文1] 入学式は大ホールにおいて行われます。
[例文2] 経済学会において彼の右に出る者はいない。

5 会　話　　本文に関する話題を話しましょう。

(1) 日本の健康ブームについてどう思いますか。

(2)　あなたの国でも健康産業は盛んですか。

_____

(3)　あなたは健康のために何かしていますか。それは何ですか。

_____

6　作　文　　　書きましょう。

(1)　「私の考える健康法」
(2)　「健康産業の将来性」

7　資　料　　　知識を深めましょう。

◎健康博覧会（けんこうはくらんかい）　年に1度開催される国内最大級の健康産業ビジネストレードショー。500社を超える企業が参加する。

§2　日本のスポーツ文化

1　本 文　　次の文を読みましょう。

　みなさんは「スポーツ」ということばを聞いて何を思い浮かべますか。たぶん、バスケットボール、バレーボールなどカタカナで表記されるものでしょう。①一方、柔道、剣道、弓道、空手道など「武道」と呼ばれる日本の伝統的なものもあります。
　「道」ということばの意味は難しいですが、簡単にいうと「精神」のことです。技術や自分自身を磨き、精神を鍛えることが「道」であり、重要でした。日本人は「道」ということばがとても好きです。そのためか、「楽しむ」という考えは少なかった②ようです。
　日本人の好きなスポーツに野球とサッカーがあります。サッカーは若い人に人気がありますが、広く日本人という枠で観ると、スポーツの代表③というとやはり野球です。アメリカの野球は「ベースボール」で日本のそれは「やきゅう」とよくいわれます。「野球道」という言い方もあるように、ここでも「道」が強調されています。
　日本人がスポーツを「楽しむ」にはまだ少し時間が必要ですが、そうなっ④てほしいものです。

2　ことば　　ことばを覚えましょう。

思い浮かべる（おもいうかべる）	表記する（ひょうきする）	柔道（じゅうどう）
剣道（けんどう）	弓道（きゅうどう）	空手道（からてどう）
武道（ぶどう）	伝統的な（でんとうてきな）	道（みち）
精神（せいしん）	自分自身（じぶんじしん）	磨く（みがく）
鍛える（きたえる）	重要だ（じゅうようだ）	楽しむ（たのしむ）
人気（にんき）	枠（わく）	観る（みる）
代表（だいひょう）	野球（やきゅう）	ベースボール（baseball）
強調する（きょうちょうする）		

3　読もう　　本文を読んで○か×かを答えましょう。

(1) 日本の伝統的なスポーツは「武道」と呼ばれる。　　　　　（　　　　）
(2) 「道」という意味は「楽しむ」という意味である。　　　　（　　　　）
(3) 日本の野球はベースボール（baseball）といわれている。　（　　　　）
(4) 日本人が好きなスポーツの代表はサッカーである。　　　　（　　　　）
(5) 日本人は以前からスポーツを楽しんでいる。　　　　　　　（　　　　）

4 文　型　　あたらしい文型を学びましょう。

① ～一方（で）
［本　文］　一方、柔道、剣道、弓道、空手道など「武道」と呼ばれる日本の伝統的なものもあります。
［例文１］　彼女は大学で経済学を学んでいる一方、デザインスクールにも通っています。
［例文２］　あの人は作家として有名です。一方、歌手としても知られています。

② ～ようです
［本　文］　そのためか、「楽しむ」という考えは少なかったようです。
［例文１］　この魚は変なにおいがします。腐っているようです。
［例文２］　頭が痛くて、熱もあります。風邪を引いてしまったようです。

③ ～というと
［本　文］　広く日本人という枠で観ると、スポーツの代表というとやはり野球です。
［例文１］　日本人が好きな中国料理というと、麻婆豆腐です。
［例文２］　桜の名所というと、上野公園です。

④ ～てほしいものだ
［本　文］　日本人がスポーツを「楽しむ」にはまだ少し時間が必要ですが、そうなってほしいものです。
［例文１］　今年こそは大学に合格してほしいものです。
［例文２］　早く元気になってほしいものです。

5 会　話　　本文に関する話題を話しましょう。

(1)　あなたの国にも伝統的なスポーツがありますか。また、それはどんなスポーツですか。
_____

(2)　あなたの国で人気のあるスポーツは何ですか。
_____

(3) あなたが好きなスポーツは何ですか。
_____

(4) これからやってみたいスポーツは何ですか。
_____

6 作　文　　書きましょう。

(1) 「あなたが好きなスポーツについて」
(2) 「あなたにとってスポーツで大切なことについて」

7 資　料　　知識を深めましょう。

◎武道　戦後の一時期、学校での授業は禁止されていたが、1950年から徐々に解禁された。2012年4月から中学校の体育で男女ともに武道とダンスが必修になった（中学校武道必修化）。武道は原則として、柔道、剣道、相撲から選択する。

第 3 章

§1 携帯電話依存症

1 本文　　次の文を読みましょう。

　携帯電話が手元にないといらいらして、何をしても落ち着かない。頻繁に携帯の電源や着信をチェック①せずにはいられない。電波のない場所にいると精神がパニック状態になりそう……これは特にスマホの普及②にともなって、OL、ストレスの多い中年男性および学生の間で流行っている「携帯電話依存症」という新型の心理症の典型的な症状といわれています。そして、協調性が弱くて、劣等感が強い人ほどかかりやすい病気だそうです。
　携帯電話依存症③による悪影響として、睡眠時間が減って生活習慣が崩れること、人間関係から疎外されること、思考力が弱くなることなどが挙げられます。その改善法は、意識的に自分の生活を充実させて、集中力を携帯電話から離すことや積極的に人とコミュニケーションを取ることなどです。暇な時は、音楽を聞いたり、ジョギングをしたりしたほうがよいそうです。どうしても無理な場合は、機能の少ない携帯電話に変えるのもよい方法かもしれません。

2 ことば　　ことばを覚えましょう。

手元（てもと）	落ち着く（おちつく）	頻繁（ひんぱん）
電源（でんげん）	着信（ちゃくしん）	チェック（check）
電波（でんぱ）	精神（せいしん）	パニック（panic）
状態（じょうたい）	スマホ（スマートフォンの略称 Smart phones）	普及（ふきゅう）
新型（しんがた）	典型（てんけい）	症状（しょうじょう）
協調性（きょうちょうせい）	劣等感（れっとうかん）	悪影響（あくえいきょう）
崩れる（くずれる）	疎外する（そがいする）	充実する（じゅうじつする）
集中力（しゅうちゅうりょく）	積極的に（せっきょくてきに）	コミュニケーション（communication）
無理（むり）		

3 読もう　　本文を読んで答えましょう。

(1) 携帯電話依存症の症状として、どんなものが挙げられますか。
（　　　　　　　　　　　　　　　　　　　　　　　　　　　　　　　　　）

(2) 携帯電話依存症を改善するために、どんな方法が勧められていますか。
（　　　　　　　　　　　　　　　　　　　　　　　　　　　　　　　　　）

(3) 携帯電話依存症になったら、当の本人にどんな影響が与えられるのでしょうか。
（　　　　　　　　　　　　　　　　　　　　　　　　　　　　　　　　　）

4 文型　　あたらしい文型を学びましょう。

① ～ずにはいられない
[本　文] 頻繁に携帯の電源や着信をチェックせずにはいられない。
[例文1] 京劇の美しさには、外国人観光客でも魅了されずにはいられなかった。
[例文2] このドラマのラストシーンは感動的で、涙を流さずにはいられなかった。

② ～にともなって
[本　文] これは特にスマホの普及にともなって、OL、ストレスの多い中年男性および学生の間で流行っている「携帯電話依存症」という新型の心理症の典型的な症状といわれています。
[例文1] 国の経済が発展するにともなって、国民の生活も豊かになってきました。
[例文2] 真実の究明にともなって、想像もしなかった事実が分かってきた。

③ ～による
[本　文] 携帯電話依存症による悪影響
[例文1] これは曖昧な態度による誤解だと思います。
[例文2] 西安は今回の黄砂による影響が全国で一番大きいといわれています。

5 会話　　本文に関する話題を話しましょう。

(1) どんな人が携帯電話依存症になりやすいのでしょうか。それはなぜだと思いますか。

_____

(2) あなたは携帯電話依存症になっていますか。回りのお友達はどうでしょうか。

---

(3) 「世の中で一番遠く感じる距離は、僕がじっと君を見つめているのに、君はずっと携帯に夢中になっていることなのだ」ということばはネットで一番多くクリックされていたそうです。その距離とはどんなものをさしていますか。そして、「僕」のどんな心境を表していますか。

---

6 作文　　書きましょう。

(1) 本文に挙げられた携帯電話依存症の症状以外に、他にどんなものが考えられるのでしょうか。そのチェックシートを作ってみましょう。

(2) あなたが今、ひどい携帯電話依存症にかかっています。それを親友に悩み相談をする形で会話文を書いてみましょう。

§2 電子図書と紙の本

1 本文　　次の文を読みましょう。

　めざましい技術の発展にともなって、電子図書が私たちの生活に定着してきました。端末機があれば、いつでもどこでも電子化された本を購入し、ダウンロードして読むことができます。しかも、字や写真を拡大・縮小して楽しめます。目の悪い人や老人には①うってつけの機械だといえるでしょう。②おまけに電子図書は紙の本より安く、場所も取りません。大容量のメモリーを使うと最大4万冊くらいの本が入る③というのですから、図書館を持ち歩いているようです。

　では、紙の本はなくなってしまうのでしょうか。そんなことはない、という人が大勢います。日本の本で電子化されている数が少ないというのも理由の一つですが、それだけではありません。いくら電子図書が増えても「本を読む」という体験は字を読むだけではないからです。本の手ざわり、匂い、活字の具合、装丁……電子図書にはない温かさが紙の本にはあります。紙の本はこれからもなくなってしまうことはないでしょう。

2 ことば　　ことばを覚えましょう。

めざましい	電子図書（でんしとしょ）	定着する（ていちゃくする）
端末機（たんまつき）	いつでもどこでも	購入する（こうにゅうする）
ダウンロード（download）	縮小（しゅくしょう）	場所を取る（ばしょをとる）
大容量（だいようりょう）	メモリー（memory）	匂い（におい）
具合（ぐあい）	装丁（そうてい）	

3.1 読もう　　本文を読んで○か×かを答えましょう。

(1)　日本では電子図書はあまり発達していない。　　　　　　　　（　　　　）
(2)　電子図書は便利だが若者だけのものだ。　　　　　　　　　　（　　　　）
(3)　紙の本はなくならないだろう。　　　　　　　　　　　　　　（　　　　）

3.2 読もう　　本文を読んで答えましょう。

(1)　「そんなことはない」(7行目) の「そんな」とはどんなことでしょう。

（　　　　　　　　　　　　　　　　　　　　　　　　　　　　　　　　　　　　）

(2) 「それだけではありません」(8~9行目)の「それ」とは何でしょう。

(　　　　　　　　　　　　　　　　　　　　　　　　　　　　　　　　　　）

4　文　型　　　あたらしい文型を学びましょう。

①うってつけの
[本　文]　目の悪い人や老人にはうってつけの機械だといえるでしょう。
[例文１]　あの役は彼にうってつけの役です。
[例文２]　みんなで集まるのにうってつけの店があります。

②　おまけに
[本　文]　おまけに電子図書は紙の本より安く、場所も取りません。
[例文１]　今日は寒くておまけに雪も降っている。
[例文２]　この店は料理がおいしくおまけにサービスもいい。

③　～というのだから
[本　文]　大容量のメモリーを使うと最大４万冊くらいの本が入るというのですから、図書館を持ち歩いているようです。
[例文１]　家賃が安くて交通の便がいいというのだから、これ以上の所はない。
[例文２]　彼はこれが専門だというのだから、この計画は彼にまかせましょう。

5　会　話　　　本文に関する話題を話しましょう。

(1)　あなたは電子図書を利用していますか。あなたのご家族は？

_____

(2)　電子図書で困ることはありませんか。

_____

(3)　あなたは電子図書と紙の本とどちらが好きですか。

_____

6 作 文　　書きましょう。

(1)　「電子図書と私たち」
(2)　「紙の本の未来」
(3)　「紙の本の思い出」(「子どもの頃好きだった本のこと」など)

第 4 章

§1 子どもと不登校

1 本文　　次の文を読みましょう。

　日本の教育制度は、六・三・三・四制を採用している。小学校と中学校は義務教育であるが、高校へは約98％、大学（短大・専門学校を含む）へは約80％と進学率が高い。しかし、そこにさまざまな問題が生じてきている。

　例えば過度の受験戦争を生み出す学歴偏重の風潮等が要因となって、「いじめ」や「不登校」①といった教育上の問題が社会問題化している。

　「不登校」というのは、学校へ行きたくても行けない児童・生徒のことだ。いじめや受験教育のストレス・プレッシャーなど複雑な原因があって起こるとされている。つまり、「不登校」は本来、「心の傷」といえる②のではあるまいか。子どもにとって、学校は友人と出会う貴重な場であり、集団生活を学ぶ場でもある。子どもの生活において学校が占める重要度は極めて大きい。

　不登校やいじめの問題は、社会的にも影響があれ③ばこそ、解決が急がれる。その解決のためには、学校、家庭、地域が協力し合うという「三位一体」④をおいて有効な手段はないだろう。

2 ことば　　ことばを覚えましょう。

不登校（ふとうこう）	教育制度（きょういくせいど）	採用する（さいようする）
義務教育（ぎむきょういく）	専門学校（せんもんがっこう）	進学率（しんがくりつ）
生じる（しょうじる）	過度な（かどな）	受験戦争（じゅけんせんそう）
学歴偏重（がくれきへんちょう）	風潮（ふうちょう）	社会問題化（しゃかいもんだいか）
児童（じどう）	生徒（せいと）	プレッシャー（pressure）
複雑な（ふくざつな）	心の傷（こころのきず）	貴重な（きちょうな）
集団生活（しゅうだんせいかつ）	極めて（きわめて）	地域（ちいき）
三位一体（さんみいったい）	有効な（ゆうこうな）	

3 読もう　　本文を読んで○か×かを答えましょう。

(1)　高校、大学への進学率はあまり高くない。　　　　　　　　　(　　　)
(2)　不登校の主な原因の一つにいじめがある。　　　　　　　　　(　　　)
(3)　学校は子どもにとって大切な場である。　　　　　　　　　　(　　　)

4 文　型　　あたらしい文型を学びましょう。

① 〜といった
[本　文]　「いじめ」や「不登校」といった教育上の問題が社会問題化している。
[例文１]　夏の野菜はスイカやキュウリといった水分を含んだものが多い。
[例文２]　この学校にはタイ、ベトナム、インドネシアといった東南アジアから来た留学
　　　　　生が多い。

② 〜（の）ではあるまいか
[本　文]　「不登校」は本来、「心の傷」といえるのではあるまいか。
[例文１]　最近の天候不順は地球温暖化の影響ではあるまいか。
[例文２]　「いじめ」や「不登校」はこれからも増えていくのではあるまいか。

③ 〜ばこそ
[本　文]　不登校やいじめの問題は、社会的にも影響があればこそ、解決が急がれる。
[例文１]　あなたを愛していればこその苦言だ。
[例文２]　健康であればこそ、苦しい仕事も続けられる。

④ 〜をおいて
[本　文]　学校、家庭、地域が協力し合うという「三位一体」をおいて有効な手段はない
　　　　　だろう。
[例文１]　会社を再建できるのは彼をおいて他にはいないだろう。
[例文２]　結婚をするなら彼をおいて他に考えられない。

5 会　話　　本文に関する話題を話しましょう。

(1)　あなたの国でも「不登校」のような問題がありますか。

第4章 §1 子どもと不登校

(2) あなたの国の教育制度について話しましょう。

_____

(3) 義務教育後の進学状況について、あなたの国と比較して述べてください。

_____

6 作　文　　書きましょう。

(1) 「学歴社会について」
(2) 「日本の教育のいい点、問題点、またその解決方法について」

7 資　料　　知識を深めましょう。

◎不登校と登校拒否の違い　「不登校」とは学校へ行かない児童・生徒のこと。「登校拒否」とは学校へ行きたくても、脳からの拒否指令が出て学校へ行けない児童・生徒のこと。この中には、ずる休み・怠けて学校へ行かない児童・生徒も含まれる。ちなみに2013年度の「不登校」の小中学生は11万9617人に上る。これは小学生全体の0.4％、中学生全体の2.7％にあたる。

§2 制 服

1 本 文　　次の文を読みましょう。

「道路や電車で朝、目に付くのは制服の女子中高生」。それは留学生①<u>だけのことではない</u>。水兵服をアレンジしたセーラー服、アメリカの若者のようなブレザースーツ、昔の日本の学生のような学生服……、格好いいのも悪いのも、日本の朝は制服の若者の移動が目立つ。毎日決められた服を着るからファッションに気を遣わ②<u>ないですむ</u>という肯定意見も、おしゃれ感覚が育たないという反対意見もある。制約された中できちんと着ようという人もいるし、スカートを短くしたり上着を長くしたりする違反もなくならない。

世の中には制服があふれている。警察官が制服を着ていなかったら私たちは誰に頼っていいか分からないだろうし、看護師の制服を見ると安心する。パイロットが制服を着ていなかったら、飛行機に乗っている間不安だろう。制服を着るまで、彼らは厳しい訓練を受け、プロフェッショナルな技術を磨く。③<u>だからこそ</u>私たちは制服に安心感を覚えるのだ。学生も学びのプロである。④<u>はたして</u>今の中高生は制服に値しているだろう④<u>か</u>。

2 ことば　　ことばを覚えましょう。

目に付く（めにつく）	水兵服（すいへいふく）	アレンジ（arrange）する
ブレザースーツ（blazer suit）	格好（かっこう）	目立つ（めだつ）
ファッション（fashion）	肯定（こうてい）	上着（うわぎ）
違反（いはん）	警察官（けいさつかん）	看護師（かんごし）
訓練（くんれん）	プロフェッショナル（professional）	磨く（みがく）
〜に値する（〜にあたいする）		

3 読もう　　本文を読んで○か×かを答えましょう。

(1)　日本は制服を着た人が多い。　　　　　　　　　　　　　（　　　）
(2)　制服は個性を殺すからよくない。　　　　　　　　　　　（　　　）
(3)　制服を着ることはプロのしるしである。　　　　　　　　（　　　）
(4)　制服を着る国は少ない。　　　　　　　　　　　　　　　（　　　）
(5)　制服は人をこわがらせるものだ。　　　　　　　　　　　（　　　）

4 文型　　　あたらしい文型を学びましょう。

① ～だけのことではない
［本　文］　それは留学生だけのことではない。
［例文1］　外国語が苦手なのはアジア人だけのことではない。
［例文2］　公害がひどいのはあの国だけのことではありません。

② ～ないですむ
［本　文］　毎日決められた服を着るからファッションに気を遣わないですむという肯定意見も、おしゃれ感覚が育たないという反対意見もある。
［例文1］　きちんと仕事をしていれば人の目を気にせずにすむ。
［例文2］　勉強していればテストの点を心配しないですむでしょう。

③ だからこそ
［本　文］　だからこそ私たちは制服に安心感を覚えるのだ。
［例文1］　彼は親切な人だ。だからこそみんなに好かれるのだ。
［例文2］　わが校のチームはよくがんばった。だからこそ勝って当然だ。

④ はたして～か
［本　文］　はたして今の中高生は制服に値しているだろうか。
［例文1］　このような展開になると、はたしてどちらのチームが勝つか分からない。
［例文2］　はたしてこの物語の結末はどうなるのだろうか。

5 会話　　　本文に関する話題を話しましょう。

(1) あなたの国で制服を着ているのはどのような職業の人ですか。

_____

(2) あなたの学校に制服はありますか。どのようなものでしたか。

_____

(3) あなたは制服が好きでしたか。今はどうですか。

_____

(4) あなたは制服を着た人を見るとどう思いますか。

_____

6 作文　　書きましょう。

(1) 「制服の思い出」
(2) 「これからの制服」
(3) 「あなたの国の制服と日本の制服の違い」

第 5 章

§1　スポーツくじ

1　本文　　　次の文を読みましょう。

　スポーツくじ①といえば、1922年にイギリスのサッカーファンが試合のスコアをベットしたのが始まりであった。1934年にスウェーデンで初めてスポーツくじ券が発行された。もちろん、それもサッカーの試合に限ったものであった。
　20世紀初頭の中国にもスポーツくじがあった②とはいうものの、それは西洋式の競馬に似たもの③にすぎなかった。それ④に対して、中国のあたらしいスポーツくじは、1994年に、国家体育委員会が体育事業の発展資金を集め、全国民のための健康計画を実行するために、全国で発行されたものであった。2000年4月から、スポーツくじのすべてが現金で買い求められ、賞金も現金で支払われることになった。
　中国でのスポーツくじは種類が多く、いずれも数字の組み合わせを選んで、抽選で当選番号を決定するシステムである。1枚は2元（約32円）なので、庶民にも気軽に買えるものだといえる。その売り上げ総額の45％くらいはスポーツくじの賞金である⑤と思われ、残りのお金は発行コストを別にして、スポーツ資金、スポーツの賞金、福利厚生費および収益金となる。福利厚生費は教育、医療補助、体育振興などの分野で使われている。

2　ことば　　　ことばを覚えましょう。

スコア（score）	ベット（bet）	発行する（はっこうする）
西洋式（せいようしき）	競馬（けいば）	実行する（じっこうする）
買い求める（かいもとめる）	賞金（しょうきん）	支払う（しはらう）
組み合わせ（くみあわせ）	抽選（ちゅうせん）	決定する（けっていする）
システム（system）	庶民（しょみん）	気軽に（きがるに）
売り上げ（うりあげ）	総額（そうがく）	コスト（cost）
収益金（しゅうえききん）	福利厚生費（ふくりこうせいひ）	補助（ほじょ）

3　読もう　　　本文を読んで○か×かを答えましょう。

(1)　初めてスポーツくじを発行したのはイギリスであった。　　　　　（　　　　　）

(2) 20世紀初頭の中国のスポーツくじは西洋式の競馬であった。（　　　　）
(3) 中国でのスポーツくじはすべて現金で買い求めることになっている。（　　　　）
(4) 中国でのスポーツくじは数字の組み合わせを選んで抽選で当選番号を決定するシステムである。（　　　　）
(5) スポーツくじの収益金は体育事業に使われている。（　　　　）

4　文　型　　あたらしい文型を学びましょう。

① ～といえば
［本　文］スポーツくじといえば、1922年にイギリスのサッカーファンが試合のスコアをベットしたのが始まりであった。
［例文1］日本料理といえば、お寿司を思い出す中国人が多いらしい。
［例文2］日本語といえば、敬語の使い方が一番難しいと思う。

② ～とはいうものの
［本　文］20世紀初頭の中国にもスポーツくじがあったとはいうものの、それは西洋式の競馬に似たものにすぎなかった。
［例文1］英語を勉強したとはいうものの、普段全然使わないから、今はほとんどしゃべれない。
［例文2］季節はもう秋になったとはいうものの、まだ残暑が厳しい。

③ ～にすぎない
［本　文］20世紀初頭の中国にもスポーツくじがあったとはいうものの、それは西洋式の競馬に似たものにすぎなかった。
［例文1］冗談をいったにすぎないから、そんなに怒らないでくださいよ。
［例文2］韓国語ができるといっても、趣味で1年間ぐらい勉強したにすぎない。

④ ～に対して
［本　文］それに対して、中国のあたらしいスポーツくじは、1994年に、国家体育委員会が体育事業の発展資金を集め、全国民のための健康計画を実行するために、全国で発行されたものであった。
［例文1］私の質問に対して、彼は何も答えてくれなかった。
［例文2］学生の卒論に対して、指導教員がコメントを書くことになっている。

⑤ 〜ものと思われる

[本　文] その売り上げ総額の45％くらいはスポーツくじの賞金であると思われ、残りのお金は発行コストを別にして、スポーツ資金、スポーツの賞金、福利厚生費および収益金となる。
[例文1] その暗い表情では、受験はあまりよい結果を期待できないものと思われる。
[例文2] 今度の選挙で、彼の当選が確実なものと思われる。

5　会　話　　本文に関する話題を話しましょう。

(1) あなたの国にはスポーツくじのようなものがありますか。

(2) あなたは宝くじのようなものを買ったことがありますか。

(3) あなたの回りに、大金の宝くじにあたった人がいますか。

(4) 宝くじは夢を買っているといわれます。あなたの夢も宝くじにあたったら実現できるものでしょうか。

(5) 宝くじに夢中になっている人をどう思いますか。

6　作　文　　書きましょう。

(1) 「宝くじにあたったら」
(2) 「スポーツくじの増加は是か非か」

§2 食のタブー

1 本文　　次の文を読みましょう。

「あ、テンプラは食べられません。イカやエビがあるでしょう？」ライラがいった。ライラがムスリム（イスラム教徒）だと知っていたが、私はイカやエビを食べ①<u>なければいい</u>と思っていたのだ。ライラはすまなそうな顔で「同じ油で揚げたものもダメなの」といった。私は恥じ入った。知識が浅かったのだ。

ムスリムは豚肉や甲殻類が食べられない。アルコール類も血も、親と子を一緒に食べることも禁じられているので、親子丼もクリームシチューも食べられない。ユダヤ教徒もそうだ。彼ら②<u>だけではない</u>。ヒンズー教徒は、牛は神様の使いなので一般的に食べない。仏教僧は中国・韓国でも肉食は避ける。キリスト教（特にカトリック）は年に2回食事を制限するし、ムスリムは年に1回、陽の出ている間は飲食をしないラマダーンという期間がある。

宗教の規制がない日本では、食のタブー（禁忌）はあまりないので、知識も関心も薄いが、それは世界的には例外だ。宗教は大切なアイデンティティーの一つ。それを尊重することは多文化理解の第一歩③<u>といえよう</u>。

2 ことば　　ことばを覚えましょう。

すまなそうな	揚げる（あげる）	恥じ入る（はじいる）
甲殻類（こうかくるい）	親子丼（おやこどん）	仏教僧（ぶっきょうそう）
肉食（にくしょく）	禁忌（きんき）	関心（かんしん）
薄い（うすい）	アイデンティティー（identity）	尊重する（そんちょうする）
多文化理解（たぶんかりかい）		

3 読もう　　本文を読んで○か×かを答えましょう。

(1) 食のタブーがあるのはムスリムだけである。　　　　　　　（　　　　）
(2) 日本人は食のタブーについてよく知っている。　　　　　　（　　　　）
(3) 世界的に食のタブーはなくなっている。　　　　　　　　　（　　　　）
(4) 食のタブーを守るのは時代遅れだ。　　　　　　　　　　　（　　　　）
(5) 宗教的なことを理解するのは本当の多文化理解の一つだ。　（　　　　）

4 文型　　あたらしい文型を学びましょう。

①　～なければいい
[本　文]　私はイカやエビを食べなければいいと思っていたのだ。
[例文1]　先生に叱られたくなかったら悪いことをしなければいい。
[例文2]　「おなかが痛いなら冷たいものを食べなければいいのに」と母はいった。

②　～だけではない
[本　文]　彼らだけではない。
[例文1]　台風で被害を受けたのはこの県だけではない。
[例文2]　悲しいのはあなただけではありませんよ。

③　～といえよう
[本　文]　それを尊重することは多文化理解の第一歩といえよう。
[例文1]　彼こそこの大学を代表する選手といえよう。
[例文2]　日本は災害大国といえよう。

5 会話　　本文に関する話題を話しましょう。

(1)　あなたには何か食のタブーがありますか。

_____

(2)　あなたの国で一般的な食のタブーがありますか。

_____

(3)　日本に来て、食のタブーについて困ったことがありますか。

_____

6 作文　　書きましょう。

(1)　「食のタブーについての経験」
(2)　「私の食のタブーと日本の友だち」
(3)　「食事における多文化理解とは」

第 6 章

§1 和　　食

1　本　文　　次の文を読みましょう。

　韓国人留学生のキムさんが、和食についてこのようなレポートを書いた。
　「日本の料理（和食）は、自然の恵みである新鮮な食材を使い、素材の味わいを生かしたものだ。一汁三菜を基本として、健康的で理想的な栄養バランスを取っている。日本人の長寿・肥満防止①に役立っている。
　切る・煮る・焼く・蒸す・揚げるという５つの調理法で、酸味・辛味・甘味・苦味・塩味という５つの味を作り出し、盛り付けにも気を使い、視覚・聴覚・嗅覚・触覚・味覚の五感を楽しませようとする。食器も日本独自の発達をとげ、芸術的に優れたものも多い。また、箸は特に大切にされ、箸使いの作法②には注意が払われる。
　世界無形文化遺産に登録された和食は、これからも伝統を継承③しつつ新たな発展をしていくものと思われる。自然を尊重し自然とともにある和食の精神を、これからも日本人には大切にしていってもらいたいし、外国人も楽しめるものであってほしいと願っ④てやまない」。

2　ことば　　ことばを覚えましょう。

恵み（めぐみ）	食材（しょくざい）	味わい（あじわい）
一汁三菜（いちじゅうさんさい）	長寿（ちょうじゅ）	肥満（ひまん）
煮る（にる）	蒸す（むす）	調理法（ちょうりほう）
酸味（さんみ）	辛味（からみ）	甘味（あまみ）
苦味（にがみ）	塩味（しおみ・しおあじ）	盛り付け（もりつけ）
嗅覚（きゅうかく）	触覚（しょっかく）	箸（はし）
作法（さほう）	世界無形文化遺産（せかいむけいぶんかいさん）	登録する（とうろくする）

3　読もう　　本文を読んで○か×かを答えましょう。

(1)　和食は自然の恵みを十分に使っている。　　　　　　　　　　（　　　　）
(2)　和食には３つの調理法がある。　　　　　　　　　　　　　　（　　　　）
(3)　和食は古くてもう捨てられたものである。　　　　　　　　　（　　　　）

(4) 和食は世界無形文化遺産に登録された。　　　　　　　（　　　）
(5) 和食は伝統を守ることのみに注意するべきだ。　　　　（　　　）

4　文　型　　あたらしい文型を学びましょう。

① 〜に役立つ
［本　文］　日本人の長寿・肥満防止に役立っている。
［例文1］　彼は社会に役立つ人材である。
［例文2］　日本はどのようなことで世界に役立つことができるか考えなければならない。

② 〜に注意を払う
［本　文］　箸使いの作法には注意が払われる。
［例文1］　道を渡る時には自動車に注意を払ってください。
［例文2］　学生一人ひとりに注意を払わなければならない。

③ 〜つつ
［本　文］　これからも伝統を継承しつつ新たな発展をしていくものと思われる。
［例文1］　諸条件を考慮しつつ計画を立てよう。
［例文2］　ビールを飲みつつ花火を見る、これぞ夏の快感である。

④ 〜てやまない
［本　文］　外国人も楽しめるものであってほしいと願ってやまない。
［例文1］　みなさんのこれからのご活躍を願ってやみません。
［例文2］　被爆国の国民として世界の平和を祈ってやまない。

5　会　話　　本文に関する話題を話しましょう。

(1) あなたは和食が好きですか。どんな和食が好きですか。

――――――――――――――――――――――――――――――――――

(2) あなたは和食を作ることがありますか。

――――――――――――――――――――――――――――――――――

(3) あなたの国に日本食レストランがありますか。

_____

(4) あなたの国の伝統的な食事にはどんなものがありますか。

_____

6 作文　　書きましょう。

(1) 「わが国の伝統食」
(2) 「和食と私」
(3) 「自然と食文化」　　　　　　　　　　　　　　　　　(Special thanks to Miss Kim)

§2 立ち食いそば

1 本文　　次の文を読みましょう。

　冬の寒い頃、駅のプラットフォームで電車を待っていると、どこからともなくいい匂いが漂ってくる。立ち食いそば屋からである。食欲にそそられて、つい、暖簾をくぐった経験を持つ人は多くいるであろう。①<u>とりわけ</u>、鉄道の駅にあるものは「駅そば」と呼ばれている。そこに食べに来る客のほとんどは、町のそば屋とは異なり、「早い、安い、おいしい」を目当てに、集まってくる。

　立ち食いそばの起源は、江戸時代の「屋台」といわれていて、その当時の「屋台」は別名「夜鳴きそば」ともいった。夜に町中を回り、そばを売り歩いた。

　また、立ち食いそば②<u>といっても</u>、日本全国を見回してみると、店③<u>によっては</u>、カウンターに椅子を設けたり、一部、テーブル席を設けたりしている店も見受けられる。

　メニューに目をやると、「たぬきそば」「きつねそば」「月見そば」などいくつかの面白いお品書きがある。一方、そばの中身を見ると、「麺」の主流は客に早く提供できるように「ゆで麺」を使用している。最後に「つゆ」は日本を二分して、関東風は濃い色のつゆであり、関西風は薄い色のつゆが中心のようであり、新幹線の「米原駅」を境に東西で味の濃さが異なるようである。日本国内において「味」一つをとっても異なるのは不思議なものだ。

2 ことば　　ことばを覚えましょう。

漂う（ただよう）	食欲（しょくよく）	暖簾（のれん）
目当て（めあて）	起源（きげん）	屋台（やたい）
別名（べつめい）	町中（まちなか）	設ける（もうける）
お品書き（おしながき）	麺（めん）	主流（しゅりゅう）
提供する（ていきょうする）	二分する（にぶんする）	米原駅（まいばらえき）
境（さかい）	東西（とうざい）	

3 読もう　　本文を読んで答えましょう。

(1)　駅の立ち食いそばに集まる人の目的は何でしょうか。

(　　　　　　　　　　　　　　　　　　　　　　　　　　　　　　　　)

(2) 立ち食いそば屋のメニューの中で、どんな点が面白いでしょうか。

(　　　　　　　　　　　　　　　　　　　　　　　　　　　　　　　　　　　)

(3) そばの「つゆ」から、どんな点が不思議だと感じますか。

(　　　　　　　　　　　　　　　　　　　　　　　　　　　　　　　　　　　)

4　文　型　　　あたらしい文型を学びましょう。

① とりわけ
[本　文] つい、暖簾をくぐった経験を持つ人は多くいるであろう。とりわけ、鉄道の駅にあるものは「駅そば」と呼ばれている。
[例文1] 私は日本料理が好きである。とりわけ、刺身が大好物である。
[例文2] ここ最近うだるような暑さが続いている。とりわけ、今日は気温が高い。

② ～といっても
[本　文] 立ち食いそばといっても、日本全国を見回してみると
[例文1] 大学生になったからといっても、すぐに一人前の考え方が身につくわけではない。
[例文2] 授業に出席したからといっても、試験で100点が取れるとは限らない。

③ ～によっては
[本　文] 日本全国を見回してみると、店によっては、カウンターに椅子を設けたり、一部、テーブル席を設けたりしている店も見受けられる。
[例文1] 教室によっては、窓がある部屋とない部屋がある。
[例文2] 先生によっては、毎時間、出席を取る先生と取らない先生がいる。

5　会　話　　　本文に関する話題を話しましょう。

(1) あなたは立ち食いそばを利用したことがありますか。

_____

(2) 立ち食いそばを利用したことがない人は、その理由は何ですか。

_____

(3) ハンバーガーショップと立ち食いそば屋との違いは何ですか。

---

6 作　文　　　書きましょう。

(1) 「『日本人の日常生活』と『立ち食いそば』」
(2) 「立ち食いそば屋のメニューから見る日本人」
(3) 「私の国の『麺類』」

7 資　料　　　知識を深めましょう。

◎たぬきそば　　揚げ玉とネギ・鳴門巻きなどを上に乗せたかけそば。
◎きつねそば　　甘みを強くして煮つけた油揚げを上に乗せたかけそば。
◎月 見 そ ば　　卵を落としたかけそば。黄身を月に見立てたもの。　　　　　（『大辞林』参考）

第 7 章

§1 年齢とお祝い

1 本文　　次の文を読みましょう。

　私たちは身の回りの自然①を通じて季節を知る。四季の変化のはっきりしている日本では、人々は自然②とともに生活し、生きてきた。それは「二十四節気」をはじめとする季節に関することばの多さからもうかがうことができる。それと同様に人の一生についても長寿を祝う節目の年齢には、還暦、古稀、喜寿、傘寿、卒寿などの名称がある。
　今や日本は「超高齢化社会」といわれ、1993年に「人生80年」といわれてからここ20年あまりで男女とも「人生90年」という様相にまで変化してきた。その理由として、医療技術の急速な進歩、食生活の向上などが挙げられる。その一方で、核家族化が進み、祖父母との同居が少なくなる状況③と相まって、最近では家族で祝うという光景は少なくなってきている。
　私たちの暮らしの中にはさまざまな「決まり」があるが、それは「冠婚葬祭」として日本人の生活様式に深く浸透している。しかし、今日、生活様式の多様化、個性化、価値観の相違が生まれ、昔④ながらの伝統的な行事に対する意識にも変化の兆しが認められる。

2 ことば　　ことばを覚えましょう。

自然（しぜん）	通じる（つうじる）	季節（きせつ）
二十四節気（にじゅうしせっき）	長寿（ちょうじゅ）	節目（ふしめ）
名称（めいしょう）	様相（ようそう）	医療技術（いりょうぎじゅつ）
向上（こうじょう）	挙げる（あげる）	核家族（かくかぞく）
同居（どうきょ）	光景（こうけい）	冠婚葬祭（かんこんそうさい）
浸透（しんとう）	多様化（たようか）	価値観（かちかん）
相違（そうい）	兆し（きざし）	

3 読もう　　本文を読んで答えましょう。

(1) 長寿のお祝いにはどんな名称がありますか。

（　　　　　　　　　　　　　　　　　　　　　）

(2) 1990年代に日本人の寿命は何歳ぐらいでしたか。
(　　　　　　　　　　　　　　　　　　　　　　　　　　　　　　　　　）

(3) 平均寿命が延びてきた理由を述べてください。
(　　　　　　　　　　　　　　　　　　　　　　　　　　　　　　　　　）

(4) 伝統的な行事に対する意識の変化にはどんな原因が挙げられますか。
(　　　　　　　　　　　　　　　　　　　　　　　　　　　　　　　　　）

4　文　型　　　あたらしい文型を学びましょう。

① ～を通じて
［本　文］　私たちは身の回りの自然を通じて季節を知る。
［例文1］　留学の経験を通じて多くのことを学んだ。
［例文2］　京都は四季を通じて観光客が多い。

② ～とともに
［本　文］　人々は自然とともに生活し、生きてきた。
［例文1］　日本の経済発展とともに、国民の生活も豊かになった。
［例文2］　子どもの成長は楽しみであるとともに寂しさも感じられる。

③ ～と相まって
［本　文］　核家族化が進み、祖父母との同居が少なくなる状況と相まって、最近では家族で祝うという光景は少なくなってきている。
［例文1］　歌手の愛らしさとメロディーのよさが相まって、世界的に人気が上がった。
［例文2］　台風と梅雨前線が相まって甚大な被害が出た。

④ ～ながらの
［本　文］　昔ながらの伝統的な行事に対する意識にも変化の兆しが認められる。
［例文1］　アインシュタインは生まれながらの天才物理学者であった。
［例文2］　2人は半世紀ぶりに涙ながらの対面をした。

5 会話　　本文に関する話題を話しましょう。

(1)　あなたの国にも長寿を祝う行事がありますか。

_____

(2)　それはどんな名称で、何歳の時に祝いますか。

_____

(3)　あなたの国の男女の平均寿命は何歳ですか。

_____

6 作文　　書きましょう。

(1)　「医療技術の進歩と高齢化」
(2)　「高齢化社会の問題点」

7 資料　　知識を深めましょう。

◎長寿のお祝いの名称（数え年）　　還暦……61歳／古稀……70歳／喜寿……77歳／傘寿……80歳／米寿……88歳／卒寿……90歳／白寿……99歳／百寿（ももじゅ）……100歳／茶寿……108歳／皇寿……111歳

　長寿のお祝いは、昔から数え年の誕生日に祝うものだったが、最近では満年齢で祝う人も増えている。

◎数え年　　生まれた年を1歳とし、新年を迎えるたびに1歳を加えて数える年齢
◎満年齢　　生まれた年を0歳とし、誕生日を迎えるたびに1歳を加えて数える年齢
◎超高齢化社会　　一般的に高齢化率（65歳以上の人口が総人口に占める割合）が21％以上に達した社会のことであるといわれている。ちなみに、2013年時点での日本の高齢化率はおよそ25％である。

§2 メイド・イン・チャイナ

1 本文　　次の文を読みましょう。

　中国で製造業が著しく発展したことによって、メイド・イン・チャイナは世界中で知られた銘柄の一つとなった。各種の輸出商品の中①にあって、繊維、機械②を問わず、おもちゃ、衣類、革靴、靴下③に至るまでこの銘柄がよく見られる。それゆえ、今や中国は「世界の工場」とも呼ばれるまでになった。

　1990年代以降、中国は人件費が安く、国内市場が大きい等の理由から、各国の製造業が次々と進出してきた。その反面、世界市場でメイド・イン・チャイナというのは、価格が安く、偽物が多く、品質管理が遅れていることの代名詞となってしまった。

　近年、グローバル・バリューチェーンにおけるメイド・イン・チャイナの地位は、スマイルカーブの両端で高まり④つつあると指摘されている。中国政府も、これまでの雑貨製品輸出国のイメージから抜け出し、ハイエンド製造業主導の産業構造を全面的に構築しようと提唱し、「製造業大国」から「製造業強国」への転換戦略を決定した。

　将来、他の産業との関連性が高く、先導性があり、雇用を多く創出してエネルギー・資源節約型の付加価値の高い製造業への転換は、中国が「大」から「強」へと移行する⑤うえで必ず通らなければならない道だといえよう。

（国家行政学院経済学部副主任・董小君教授の人民網による単独インタビュー『人民網日本語版』2013年11月29日より）

2 ことば　　ことばを覚えましょう。

著しい（いちじるしい）	銘柄（めいがら）	輸出（ゆしゅつ）
繊維（せんい）	革靴（かわぐつ）	人件費（じんけんひ）
進出する（しんしゅつする）	価格（かかく）	偽物（にせもの）
代名詞（だいめいし）	グローバル（global）	バリューチェーン（value chain）
スマイルカーブ（smile curve）	両端（りょうたん）	指摘する（してきする）
雑貨（ざっか）	ハイエンド（high end）	主導（しゅどう）
構築する（こうちくする）	提唱する（ていしょうする）	転換（てんかん）
戦略（せんりゃく）	関連性（かんれんせい）	先導性（せんどうせい）
雇用（こよう）	節約型（せつやくがた）	付加価値（ふかかち）

3 読もう　　本文を読んで○か×かを答えましょう。

(1)　メイド・イン・チャイナは世界中で人気の高い銘柄である。　　　（　　　　）

(2) 中国は「世界の工場」とも呼ばれている。　　　　　　　　　（　　　　　）
(3) 世界市場で、メイド・イン・チャイナはイコール人気商品である。（　　　　　）
(4) 近年、中国政府はメイド・イン・チャイナのイメージを変えようとしている。
　　　　　　　　　　　　　　　　　　　　　　　　　　　　　　（　　　　　）
(5) 付加価値の高い製造業は中国製造業の新目標である。　　　　　（　　　　　）

4　文　型　　　あたらしい文型を学びましょう。

① ～にあって
［本　文］　各種の輸出商品の中にあって、繊維、機械を問わず、おもちゃ、衣類、革靴、靴下に至るまでこの銘柄がよく見られる。
［例文1］　娘は受験にあって、母親のはたす役割はたくさんある。
［例文2］　教員という立場にあって、ふさわしい行動を取らなければならない。

② ～を問わず
［本　文］　各種の輸出商品の中にあって、繊維、機械を問わず、おもちゃ、衣類、革靴、靴下に至るまでこの銘柄がよく見られる。
［例文1］　近頃、男女を問わず、大学院に進学する学生が増えている。
［例文2］　意欲のある人なら、年齢や学歴を問わず採用している。

③ ～に至るまで
［本　文］　各種の輸出商品の中にあって、繊維、機械を問わず、おもちゃ、衣類、革靴、靴下に至るまでこの銘柄がよく見られる。
［例文1］　インターネットの普及によって、大都市から地方の村に至るまでほぼ同じような情報が得られるようになった。
［例文2］　この番組は子どもから高齢者に至るまで、大変人気を呼んでいる。

④ ～つつある
［本　文］　近年、グローバル・バリューチェーンにおけるメイド・イン・チャイナの地位は、スマイルカーブの両端で高まりつつあると指摘されている。
［例文1］　地球温暖化は深刻になりつつある。
［例文2］　手術以来、父のからだは順調に回復しつつある。

⑤ 〜うえで

［本　文］　中国が「大」から「強」へと移行するうえで必ず通らなければならない道だといえよう。

［例文１］　日本人と接するうえで注意すべきことを教えてください。

［例文２］　専攻を選ぶうえでの重要なポイントとして、どんなものが挙げられるでしょうか。

5　会　話　　　本文に関する話題を話しましょう。

(1)　メイド・イン・チャイナの商品を買ったことがありますか。どんな印象でしたか。

(2)　中国人は「メイド・イン・チャイナ」を買いたがらないそうです。それはなぜだと思いますか。

(3)　中国国内で「メイド・イン・チャイナ」という銘柄が見られないのはなぜですか。

(4)　中国政府は今「メイド・イン・チャイナ」のイメージチェンジを図っています。どうすればできると思いますか。

(5)　中国が製造大国から製造強国に変わるには、どんなものが大切でしょうか。

6　作　文　　　書きましょう。

(1)　「『メイド・イン・チャイナ』が世界市場に与えた影響について」
(2)　「これからの『メイド・イン・チャイナ』」

7　資　料　　　知識を深めましょう。

◎グローバル・バリューチェーン（global value chain）　　バリューチェーンとは原材料の調達から製品・サービスが顧客に届くまでの企業活動を、一連の価値（value）の連鎖

(chain) としてとらえる考え方であるが、グローバル・バリューチェーンとは、全世界での価値の連鎖のことをいう。その連鎖の流れには、調達／開発／製造／販売／サービスなどがあり、それぞれの業務が、一連の流れの中で順次、価値とコストを付加・蓄積していくものととらえている。

◎スマイルカーブ（smile curve）　電子産業や産業機械の分野における付加価値構造を表す曲線のことである。製造・組立は曲線の低ランクにあり、研究・開発、販売・アフターサービスは曲線の上部にあることを示している。

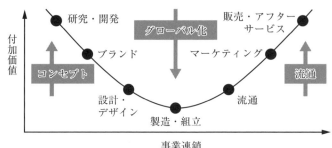

◎ハイエンド（high end）　製品あるいはサービスにおいて最上級の一群の商品を表している。また、価格、機能、仕様、性能などにおいてラインナップ中最上位のもの、およびその製品が属する価格帯（カテゴリー）をいう。特にパソコン、オーディオ機器、カメラや携帯電話などの評価において用いられることが多い。

第 8 章

§1 蒸し暑い日本の夏

1 本文　　次の文を読みましょう。

　日本の夏は、毎年、暑くなっているように感じる。夏日・真夏日・猛暑日・熱帯夜などの気象用語を聞くだけでも、いかに暑さが増しているかが分かる。ここ数年、都会にはビルが林立し、夏になると冷房を使用し、室外機から出る熱風は地球の気温を高めている。統計①によると、東京では100年前に比べ約3℃気温が上昇しているようだ。さらに、これが熱中症を引き起こし、死に至るとなると、体の弱い年寄り、子どもで②ないまでも心配せずにはいられない状況に陥っている。

　夏が高温になった原因の一つが「地球温暖化」の影響だとよくいわれている。これはどのような現象なのだろうか。これは人間の活動により、大量の「温室効果ガス」（＝二酸化炭素）が大気中に放出され、地球の気温が上昇し、自然のバランスを崩すことである。と同時に、都市の気温が郊外に比べ高くなる「ヒートアイランド現象」も見過ごせない原因の一つと考えられている。

　これらの対策として、③今や、屋外緑化推進や校庭芝生化推進などいろいろな対策が取られている。

2 ことば　　ことばを覚えましょう。

夏日（なつび）	真夏日（まなつび）	猛暑日（もうしょび）
熱帯夜（ねったいや）	気象（きしょう）	増す（ます）
林立する（りんりつする）	冷房（れいぼう）	室外機（しつがいき）
熱風（ねっぷう）	統計（とうけい）	上昇（じょうしょう）
熱中症（ねっちゅうしょう）	至る（いたる）	陥る（おちいる）
影響（えいきょう）	温室効果（おんしつこうか）	二酸化炭素（にさんかたんそ）
大気中（たいきちゅう）	放出する（ほうしゅつする）	崩す（くずす）
ヒートアイランド現象 　（heat island げんしょう）	見過ごす（みすごす）	屋外緑化推進 　（おくがいりょっかすいしん）
校庭芝生化推進 　（こうていしばふかすいしん）		

3 読もう　　本文を読んで答えましょう。

(1) なぜ気象用語を聞くだけで暑さが増しているのが分かるのでしょうか。

(　　　　　　　　　　　　　　　　　　　　　　　　　　　　　　　　　　)

(2) 「ヒートアイランド現象」とはどんな現象のことをいうのでしょうか。

(　　　　　　　　　　　　　　　　　　　　　　　　　　　　　　　　　　)

4 文 型　　あたらしい文型を学びましょう。

① ～によると、～
[本　文] 統計によると、東京では100年前に比べ約3℃気温が上昇しているようだ。
[例文1] 先生の話によると、明日の授業は休講だそうだ。
[例文2] テレビニュースによると、明朝、横浜港に大型船がやってくるそうだ。

② ～ないまでも
[本　文] 死に至るとなると、体の弱い年寄り、子どもでないまでも心配せずにはいられない状況に陥っている。
[例文1] 今回の試験は100点は取れないまでも、90点以上は必ず取りたい。
[例文2] 今年の夏までには10kgは痩せないまでも、3kgは何とか痩せたいと考えている。

③ ～、今や、～
[本　文] これらの対策として、今や、屋外緑化推進や校庭芝生化推進などいろいろな対策が取られている。
[例文1] 以前は、この場所に川が流れていたが、今や、その跡形も見えず埋め立てられてしまった。
[例文2] 少年時代の彼はスマートだったが、今や、太って昔の面影も見えない。

5 会 話　　本文に関する話題を話しましょう。

(1) 夏の快適な過ごし方について話しましょう。

(2) 夏を感じる風物詩について話しましょう。

---

6 作　文　　　書きましょう。

(1)　「日本の夏と私の国の夏の違い」
(2)　「夏になると困ること」

7 資　料　　　知識を深めましょう。

◎夏日　　　最高気温が摂氏 25 ℃以上になる日。
◎真夏日　　最高気温が摂氏 30 ℃以上になる日。
◎猛暑日　　最高気温が摂氏 35 ℃以上になる日。
◎熱帯夜　　最低気温が摂氏 25 ℃以下に下がらない夜。
◎熱中症　　高温下での過労や労働のため、発汗機構や循環系に異常をきたしてめまいや失神などが起こる病気。

（『大辞林』参考）

§2 ゴミ問題

1 本文　　次の文を読みましょう。

　私たちの生活の中で、いったいどのくらいのものが「ゴミ」として捨てられているのだろうか。環境省の資料（2011年度）によると、全国のゴミ総排出量は年間平均約4539万トン、1人1日あたりの排出量は平均約975グラムで、この数字はここ5年あまり変わっていない。
　ここで問題になるのは、ゴミの量①もさることながら、捨てられる食料の多さである。これがなんと年間約2000万トンにも上っている。日本の穀物生産量は約1000万トンであるから、2倍の量を廃棄していることになる。
　企業はかつての「消費は美徳」「使い捨て」という発想から転換しつつあるが、私たち消費者も②ただ「使う」②のみではなく、ゴミを減らす努力が大切だ。そのためにも耐久性が高く長期間使える商品の開発が待たれる。
　モノを大切に、永く使うことが結果的にゴミの減量や資源の節約、保護にも繋がっていく。これ③を契機として、環境問題にも関心を持ち④たいものだ。
　ゴミ問題の解決の一歩は、それを生活に関わる身近な問題として意識することだ。

2 ことば　　ことばを覚えましょう。

環境省（かんきょうしょう）	排出量（はいしゅつりょう）	穀物生産量（こくもつせいさんりょう）
廃棄する（はいきする）	美徳（びとく）	発想（はっそう）
転換（てんかん）	消費者（しょうひしゃ）	耐久性（たいきゅうせい）
永い（ながい）	減量（げんりょう）	保護（ほご）
繋がる（つながる）	契機（けいき）	身近な（みぢかな）

3 読もう　　本文を読んで答えましょう。

(1)　年間にどのくらいの食料が捨てられていますか。

（　　　　　　　　　　　　　　　　　　　　　　　　　　　　）

(2)　環境を守るためにどのような商品開発が必要ですか。

（　　　　　　　　　　　　　　　　　　　　　　　　　　　　）

(3) ゴミを減らすにはどうすべきですか。

（　　　　　　　　　　　　　　　　　　　　　　　　　　　　）

4 文 型　　あたらしい文型を学びましょう。

① ～もさることながら
[本　文] ゴミの量もさることながら、捨てられる食料の多さである。
[例文1] 彼女はモデルとしてもさることながら、デザイナーとしても有名だ。
[例文2] 彼は勉強もさることながら、スポーツも万能だ。

② ただ～のみ
[本　文] 私たち消費者もただ「使う」のみではなく、ゴミを減らす努力が大切だ。
[例文1] ただ厳しいのみではなく、やさしく接することも大切だ。
[例文2] 彼女は、ただ両親の健康のみを心配している。

③ ～を契機として、～を契機に（して）
[本　文] これを契機として、環境問題にも関心を持ちたいものだ。
[例文1] 入院を契機として、酒とたばこをやめた。
[例文2] 留学を契機に、親元を離れて1人で暮らし始めた。

④ ～たいものだ
[本　文] これを契機として、環境問題にも関心を持ちたいものだ。
[例文1] 早く日本語が上手になりたいものだ。
[例文2] 久しぶりにアメリカから娘が帰ってくる。早く会いたいものだ。

5 会 話　　本文に関する話題を話しましょう。

(1) ゴミの分別についてどう思いますか。

――――――――――――――――――――――――――――――

(2) コンビニの弁当の4割は廃棄処分されている（2003年）ことについて考えてください。

――――――――――――――――――――――――――――――

(3) 日本の食料自給率は約 39 %（2010 年）ですが、あなたの国と比較してどうですか。

_____

6 作　文　　　書きましょう。

(1)　「ゴミの減量作戦について」
(2)　「コンビニの弁当廃棄処分についての私の提案」

7 資　料　　　知識を深めましょう。

◎リサイクル　　1 年間に出るゴミの総排出量のうち、リサイクルされているゴミの量は、ここ 5 年間（2007 年〜2011 年）は約 9300 万トン前後で、リサイクル率は 20 %強である。

第 9 章

§1 日本のファストファッション

1 本文　　次の文を読みましょう。

> 　ファストファッション（fast fashion）①とは、最新の流行を採り入れながら低価格に抑えた衣料品を、短いサイクルで世界的に大量生産・大量販売するファッションブランドやその業態をさす。「早くて安い」ファストフードになぞらえた造語である。そう呼ばれるようになったのは、2000年代半ば頃からである。ファストファッションが誕生してまもなく、若者を中心に周知されるようになった。世界的不況のもと、ファッション業界でも世界的規模でファストファッションは、大手グローバルチェーンが寡占して、売り上げを伸ばしている。日本のブランドとしては、ユニクロ、GU、しまむら、海外ブランドではGAP、フォーエバー21（アメリカ）、H&M（スウェーデン）、ZARA（スペイン）などが代表である。ファストファッションブランドでは、メーカーが直営店で売る製造小売りの販売形態を取ることが多く、売り場では常に商品が更新されている。あたらしさと安さをアピールする②反面、消費者が短期間で商品から離れる傾向にあるといえるだろう。

2 ことば　　ことばを覚えましょう。

ファストファッション (fast fashion)	最新の（さいしんの）	流行（りゅうこう）
採り入れる（とりいれる）	低価格（ていかかく）	抑える（おさえる）
衣料品（いりょうひん）	サイクル (cycle)	世界的（せかいてき）
大量生産する（たいりょうせいさんする）	大量販売する（たいりょうはんばいする）	ファッションブランド (fashion bland)
業態（ぎょうたい）	さす	ファストフード (fast food)
なぞらえる	造語（ぞうご）	誕生する（たんじょうする）
若者（わかもの）	中心に（ちゅうしんに）	周知する（しゅうちする）
世界的不況（せかいてきふきょう）	業界（ぎょうかい）	世界的規模（せかいてききぼ）
大手（おおて）	グローバルチェーン (global chain)	寡占する（かせんする）
伸ばす（のばす）	代表（だいひょう）	メーカー (maker)
直営店（ちょくえいてん）	製造小売り（せいぞうこうり）	販売形態（はんばいけいたい）
売り場（うりば）	常に（つねに）	更新される（こうしんされる）

アピール（appeal）する	消費者（しょうひしゃ）	短期間（たんきかん）
離れる（はなれる）	傾向にある（けいこうにある）	

3　読もう　　本文を読んで○か×かを答えましょう。

(1)　ファストファッションとは最新の流行を採り入れた衣料品を低価格で販売する業態をいう。　　　　　　　　　　　　　　　　　　　　　　　　（　　　）
(2)　ファストファッションということばは1980年代に生まれた。　　（　　　）
(3)　ファストファッションは、中年層を中心に人気だ。　　　　　　（　　　）
(4)　日本の有名なファストファッションブランドはZARAである。　（　　　）
(5)　あたらしさと低価格で消費者は商品を買い続ける。　　　　　　（　　　）

4　文型　　あたらしい文型を学びましょう。

① 　～とは

［本　文］　ファストファッション（fast fashion）とは、最新の流行を採り入れながら低価格に抑えた衣料品を、短いサイクルで世界的に大量生産・大量販売するファッションブランドやその業態をさす。
［例文1］　論文とは、論理的に結論を述べる文章のことです。
［例文2］　「人間とは、考える葦である」（パスカル）。

② 　～反面

［本　文］　あたらしさと安さをアピールする反面、消費者が短期間で商品から離れる傾向にあるといえるだろう。
［例文1］　カップラーメンは便利である反面、健康的ではない。
［例文2］　ペットを飼うと毎日癒やされる反面、世話が大変になる。

5　会話　　本文に関する話題を話しましょう。

(1)　あなたの国ではどのようなファッションが流行していますか。

_____

(2)　日本のファッションに興味がありますか。

_____

(3) 日本人のファッションに違和感はありますか。

_____

(4) あなたの国ではどのような色が人気ですか。

_____

(5) ファストファッションの長所と短所は何ですか。

_____

6 作文　　書きましょう。

(1) 「私の国で人気のある服の形や色」

7 資料　　知識を深めましょう。

◎クールビズ（cool biz）　日本の環境省が推進する環境対策を目的とした夏期の衣服の軽装化キャンペーン、また軽装のことをさす造語である。
【類】ビジネスカジュアル・オフィスカジュアル。

§2 マンガ大国ニッポン！

1 本文　　次の文を読みましょう。

「日本では大人が電車の中でマンガを読む！」外国人が驚くことの一つだ。多くの国ではマンガは子どものもので、大人が読むのは変だと思われているようである。日本はマンガが大人の中にまで入り込んでいる国なのだ。

明治時代から「ポンチ絵」という風刺マンガがあったが、第二次世界大戦後、マンガは黄金期を迎えた。手塚治虫というマンガ家が感動的なストーリーを柔らかい筆致で描く長編マンガを①次々と発表し、それに刺激を受けた多くのマンガ家がすぐれた作品を生み出していった。手塚治虫の「鉄腕アトム」「ジャングル大帝」「リボンの騎士」などは、②ちょうどその頃家庭に普及③し始めたテレビのアニメーション番組になり、世界中で親しまれた。その後、「ドラえもん」「クレヨンしんちゃん」から「ガンダム」「ワンピース」など、マンガから生まれたアニメーションは今やクールジャパンの代表である。

「アトム」を読んで育った人たちが今、ロボット技術の最先端の研究を進めている。いつか本物のアトムに会える日が来るかもしれない。

2 ことば　　ことばを覚えましょう。

明治時代（めいじじだい）	風刺（ふうし）	第二次世界大戦（だいにじせかいたいせん）
黄金期（おうごんき）	迎える（むかえる）	手塚治虫（てづかおさむ）
筆致（ひっち）	刺激（しげき）	鉄腕（てつわん）
大帝（たいてい）	騎士（きし）	アニメーション（animation）
クールジャパン（cool japan）	最先端（さいせんたん）	

3 読もう　　本文を読んで○か×かを答えましょう。

(1) 日本ではマンガが大人社会に受け入れられている。　　　　　　（　　　）
(2) 日本のマンガの黄金期は明治時代である。　　　　　　　　　　（　　　）
(3) 手塚治虫は偉大な小説家である。　　　　　　　　　　　　　　（　　　）
(4) アニメーションはマンガとは関係ない。　　　　　　　　　　　（　　　）
(5) 日本のロボット技術者は機械に偏見がない。　　　　　　　　　（　　　）

4 文 型　　あたらしい文型を学びましょう。

① 次々と
[本　文] 手塚治虫というマンガ家が感動的なストーリーを柔らかい筆致で描く長編マンガを次々と発表し
[例文1] 今日は休みなのに次々と仕事が来る。
[例文2] あの店には次々と客が入りますね。おいしいのでしょうね。

② ちょうどその頃
[本　文] 手塚治虫の「鉄腕アトム」「ジャングル大帝」「リボンの騎士」などは、ちょうどその頃家庭に普及し始めたテレビのアニメーション番組になり、世界中で親しまれた。
[例文1] このプリントが終わるとちょうどその頃、チャイムが鳴りますね。
[例文2] 18世紀に入り啓蒙の時代が来た。ちょうどその頃イギリスでは産業革命が始まった。

③ ～し始める
[本　文] 手塚治虫の「鉄腕アトム」「ジャングル大帝」「リボンの騎士」などは、ちょうどその頃家庭に普及し始めたテレビのアニメーション番組になり、世界中で親しまれた。
[例文1] 夜の11時になって彼はやっと勉強し始めた。
[例文2] まじめに仕事をし始めるのが少し遅いよ！

5 会 話　　本文に関する話題を話しましょう。

(1) あなたの好きなアニメは何ですか。それはどこの国のものですか。

_____

_____

(2) 手塚治虫の作品を読んだことがありますか。どんな感想を持ちましたか。

_____

_____

(3)　誰のマンガを読んだことがありますか。

_____

(4)「ロボット」についてどのようなイメージを持っていますか。

_____

6　作　文　　　書きましょう。

(1)　「私のアニメ体験」
(2)　「ロボット研究とアトム」
(3)　「私の国のマンガ事情」（アニメでも）

第 10 章

§1 若者と就職難

1 本文　　次の文を読みましょう。

　統計によると、2014年、中国全域の大卒生は727万人に達し、前年度よりさらに28万人も増え、就職が依然として厳しい現状である。
　同統計のインタビューで、専門家は就職難①に関して以下のように分析している。まず、ペーパーテストで高得点を取るための受験テクニックは大学に入ることが最終目的であり、社会人として求められる資質、すなわち、コミュニケーション能力、発想の柔軟性、さまざまな局面においての対処能力、創造力、交渉力が重視されていない。次に、1998年以来、大学拡大政策によって定員が増加した一方で、教育内容を変えず、社会の受け入れ態勢も整わないうちに量的拡大に走った②ことから、新卒生が持つスキル、マネジメント能力が採用企業の求める基準を満たしていない。最後に、地域間の経済格差の拡大と連動して、採用活動もアンバランスになっている③きらいがある。つまり、経済活動が進んでいる東南沿岸地域では、求職者数と求人数に差が発生したことで就職が困難となり、西北等の内陸地域では、就労環境が厳しい④だけに、人員確保が懸念されている。

2 ことば　　ことばを覚えましょう。

全域（ぜんいき）	依然（いぜん）	ペーパーテスト（paper test）
高得点（こうとくてん）	テクニック（technique）	資質（ししつ）
柔軟性（じゅうなんせい）	局面（きょくめん）	対処（たいしょ）
創造力（そうぞうりょく）	交渉力（こうしょうりょく）	スキル（skill）
マネジメント（management）	満たす（みたす）	格差（かくさ）
アンバランス（unbalance）	沿岸（えんがん）	求職者（きゅうしょくしゃ）
内陸（ないりく）	就労（しゅうろう）	環境（かんきょう）
人員確保（じんいんかくほ）	懸念（けねん）	

3 読もう　　本文を読んで○か×かを答えましょう。

(1) 中国では今、大卒生が就職難にぶつかっている。　　　　　　　　（　　　）
(2) 中国の受験教育は優れている。　　　　　　　　　　　　　　　　（　　　）

(3) 大学教育は社会事情を真剣に受け入れている。　　　　　　　（　　　）
(4) 経済格差はあまり就職活動と関係がない。　　　　　　　　　（　　　）
(5) 新卒生は西北地域での就職を望まない。　　　　　　　　　　（　　　）

4　文　型　　あたらしい文型を学びましょう。

① ～に関して
［本　文］　専門家は就職難に関して以下のように分析している。
［例文1］　会議記録に関して、私は何の責任もない。
［例文2］　この事件に関して、加害者の彼はいまだに何も説明していない。

② ～ことから
［本　文］　社会の受け入れ態勢も整わないうちに量的拡大に走ったことから、新卒生が持つスキル、マネジメント能力が採用企業の求める基準を満たしていない。
［例文1］　彼は10年間も日本にいたことから、日本語が流暢に話せる。
［例文2］　夜12時に生まれたことから、「子(ね)」という名前をつけられた人がいる。

③ ～きらいがある
［本　文］　地域間の経済格差の拡大と連動して、採用活動もアンバランスになっているきらいがある。
［例文1］　彼女は何でもはっきりいいすぎるきらいがあるから、誤解されやすい。
［例文2］　日本人は人にいいように思われたくて、反対意見をいえないきらいがある。

④ ～だけに
［本　文］　就労環境が厳しいだけに、人員確保が懸念されている。
［例文1］　彼は地元の人だけに、この地方に関する伝説は何でも知っている。
［例文2］　彼女は美術大学出身者だけに、色使いに特徴がある。

5　会　話　　本文に関する話題を話しましょう。

(1) あなたの国でも、大卒生の就職難が問題になっていますか。

(2) 受験テクニックで大学に入ったら、どんな問題があると指摘されていますか。

(3) 就職できるために、大学でどんなスキルを身につけるべきですか。

(4) 大学定員の拡大によって、学歴インフレになっている。それは就職難にどんな影響をもたらしていますか。

(5) 就職難の解決案として、あなたはどんな提案ができるのでしょうか。

6 作文　　書きましょう。

(1) 「大学入学で直面する問題について」
(2) 「日本で就職した中国人の一例」

§2 日本企業の今

1 本文　　次の文を読みましょう。

　日本は戦後、奇跡的な経済成長を遂げた。資源も資本もない日本がなぜ世界でも有数の経済大国に育ったのだろうか。その要因として、「日本的経営」といわれる独自のシステムがある。その特質とは、終身雇用、年功序列、企業内組合であり、この3つは日本的経営の「三種の神器」と呼ばれた。このシステムにより、企業への帰属意識や忠誠心、仕事に対する意欲を高めるなど効率的な会社運営を実現した。また、企業内組合のため、経営側と協調する労使の一体感が生まれ、さらに、集団主義的な要素も加わり、日本企業は大きく業績を伸ばした。
　しかし、近年、若いサラリーマンを中心に労働観の変化が顕著に見られるようになった。「仕事より私生活が大切」という考えである。①とはいえ、戦後の日本経済を支える源となったこのシステム②を抜きにしては、日本経済を語ることはできない。
　経済の国際化が進む③につれて、企業の経営理念も変わっていくのだろうか。いや、経済活動のグローバル化④のもとで、変わら⑤ざるをえない状況になっているのである。

2 ことば　　ことばを覚えましょう。

戦後（せんご）	奇跡的（きせきてき）	経済成長（けいざいせいちょう）
遂げる（とげる）	独自（どくじ）	特質（とくしつ）
終身雇用（しゅうしんこよう）	年功序列（ねんこうじょれつ）	企業内組合（きぎょうないくみあい）
三種の神器（さんしゅのじんぎ）	帰属意識（きぞくいしき）	忠誠心（ちゅうせいしん）
効率的な（こうりつてきな）	一体感（いったいかん）	集団主義的（しゅうだんしゅぎてき）
業績（ぎょうせき）	顕著に（けんちょに）	源（みなもと）
経営理念（けいえいりねん）		

3 読もう　　本文を読んで答えましょう。

(1) 日本的経営の特質とは何ですか。またその意味を答えてください。

　（　　　　　　　　　　　　　　　　　　　　　　　　　　　　　　　　　　　）

(2) 戦後日本が奇跡的な経済成長を遂げた要因は何ですか。

　（　　　　　　　　　　　　　　　　　　　　　　　　　　　　　　　　　　　）

(3) 近年の労働観の変化とはどんなことですか。

(　　　　　　　　　　　　　　　　　　　　　　　　　　　　　　　　）

4 文　型　　あたらしい文型を学びましょう。

① ～とはいえ
[本　文] とはいえ、戦後の日本経済を支える源となったこのシステムを抜きにしては、日本経済を語ることはできない。
[例文１] 立秋とはいえ、まだまだ夏日が続く。
[例文２] 親しいとはいえ、礼儀を忘れてはいけない。

② ～を抜きにしては
[本　文] 戦後の日本経済を支える源となったこのシステムを抜きにしては、日本経済を語ることはできない。
[例文１] 彼を抜きにしては新製品の開発はできない。
[例文２] この問題を抜きにしては解決は難しい。

③ ～につれて
[本　文] 経済の国際化が進むにつれて、企業の経営理念も変わっていくのだろうか。
[例文１] 円高になるにつれて、自動車産業の業績も回復していった。
[例文２] 高齢化の進行につれて、高齢者の医療費の増加が深刻な問題になっている。

④ ～のもとで（～のもとに）
[本　文] 経済活動のグローバル化のもとで、変わらざるをえない状況になっているのである。
[例文１] 彼は厳しい管理のもとで生活している。
[例文２] あの国は国連の監視のもとに置かれている。

⑤ ～ざるをえない
[本　文] 経済活動のグローバル化のもとで、変わらざるをえない状況になっているのである。
[例文１] 父が倒れたので、帰国せざるをえない。
[例文２] 教育費のため、母親が働かざるをえない。

5　会　話　　　本文に関する話題を話しましょう。

(1)　「日本的経営」といわれる独自のシステムについてどう思いますか。
_____

(2)　日本人は集団主義的だといわれていますが、どんなところがそうだと思いますか。
_____

(3)　近年の若いサラリーマンの労働観についてどう思いますか。
_____

6　作　文　　　書きましょう。

(1)　「日本的経営の3つのシステムの長所と短所について」
(2)　「日本人の働き方について」

7　資　料　　　知識を深めましょう。

◎日本人の労働時間　　日本人が1年間に働く時間は約1800時間ぐらいだといわれている。アメリカと同じぐらいであるが、ヨーロッパでは日本より労働時間の短い国が多い。
　以前、世界からの働きすぎという批判を受け、また「過労死」も社会問題になった。しかし、90年代に週休二日制が普及したこともあり、国際的に見て「働きすぎ」でない労働時間が実現してきている。

第 11 章

§1 日本のカラス

1 本文　　　次の文を読みましょう。

　都会で生活する外国人の中で、カラスが町の中に多くいて驚いたという声をよく聞く。
　もちろん、日本人の中でも、「早朝、鳴き声がうるさい」「ゴミを荒らされる」「糞で建物が汚される」「歩行中、威嚇・攻撃をされた」などの苦情が役所に訴えられる場合も年に数件あるという。特に、繁華街のゴミ捨て場の近くの電柱や電線から「カーカー」と鳴いたり、餌をついばんだりする光景の不気味さ①といったらない。とりわけ、繁殖期の3月から8月の巣立ちの季節は危険な目に遭うおそれがあるという。
　一方、カラスの側から考えると、都会には人間の食べ残し（＝残飯）がゴミとして捨ててあるので、こんなに住み心地のよい環境もないのではなかろうか。
　さらに、カラスに対しては「鳥獣保護法」により、②むやみに駆除できないことになっている。人間は、生ゴミの出し方に注意する、餌をやらないなどして、カラスと共存できる社会を作らねばならない。

2 ことば　　　ことばを覚えましょう。

驚く（おどろく）	早朝（そうちょう）	荒らす（あらす）
糞（ふん）	建物（たてもの）	汚す（よごす）
歩行中（ほこうちゅう）	威嚇（いかく）	攻撃（こうげき）
苦情（くじょう）	訴える（うったえる）	ゴミ捨て場（ごみすてば）
電柱（でんちゅう）	餌（えさ）	ついばむ（ついばむ）
不気味（ぶきみ）	繁殖期（はんしょくき）	巣立ち（すだち）
残飯（ざんぱん）	住み心地（すみごこち）	鳥獣保護法（ちょうじゅうほごほう）
駆除（くじょ）	共存する（きょうぞんする）	

3 読もう　　　本文を読んで答えましょう。

(1) 都会の外国人は何に対して驚いていますか。

　（　　　　　　　　　　　　　　　　　　　　　　　　　　　　　　　　）

(2) カラスの光景のどんな点が不気味だといっていますか。

(　　　　　　　　　　　　　　　　　　　　　　　　　　　　　　　　）

(3) カラスにとってどうして都会は住み心地がよいのでしょうか。

(　　　　　　　　　　　　　　　　　　　　　　　　　　　　　　　　）

4 文型　　あたらしい文型を学びましょう。

① ～といったらない
[本　文] 餌をついばんだりする光景の不気味さといったらない。
[例文1] 成田空港に1人で来日した時の淋しさといったらない。
[例文2] 最初は先頭で走っていたが、最後に抜かれてしまい、この悔しさといったらない。

② ～、むやみに、～
[本　文] 「鳥獣保護法」により、むやみに駆除できないことになっている。
[例文1] 人の話を聞かずにむやみに叱りつけることはよくない。
[例文2] 前後の判断をせずにむやみに行動をすることは慎むべきである。

5 会話　　本文に関する話題を話しましょう。

(1) 動物にとって住み心地がよい環境とはどんな社会でしょうか。

_____

(2) あなたが考えるカラスの印象はどんなものですか。

_____

(3) カラスは人間の天敵でしょうか。

_____

6 作文　　書きましょう。

(1) 「カラスの恐ろしさについて」
(2) 「動物との共存社会について」

§2 日本人とペット

1 本文　　次の文を読みましょう。

　あなたはペットを飼ったことがあるだろうか？――現在、日本の2人以上の世帯においては、ほぼ半数以上が、何かしらのペットを飼っている、という調査結果がある。

　ペットは、家族として、パートナーとして、仲間として、人の暮らしに密接に関わっている。心を癒してくれたり、共生したりするなど、さまざまな役割を持った存在である。

　近年では、生命全般を大切にする考えも普及してきており、動物でも、モノとして扱うことを忌避する人々は増えている。そのような人々は、ペットを犬①といわず猫①といわず尊重する。例としては、ペットの性別を「オス」「メス」と呼ばず、「男の子」「女の子」と呼んだり、「餌をやる」ではなく、「餌をあげる」と表現したりしている人もいる。ことばの用法にもペットを家族のように想わ②ずにはおれない気持ちが表れている。

　ペットの扱いは国により異なる。日本では、愛玩されるペット③をよそに、保健所が街で徘徊する犬猫を日々、捕獲したり、収容したりしている。その数は毎年45万匹にも及ぶ。昨今、日本では保健所によって保護された動物の殺処分率の高さが社会問題になっているのである。

2 ことば　　ことばを覚えましょう。

ペット (pet)	飼う (かう)	～以上の (～いじょうの)
世帯 (せたい・しょたい)	ほぼ	何かしらの (なにかしらの)
家族 (かぞく)	パートナー (partner)	仲間 (なかま)
暮らし (くらし)	密接に (みっせつに)	関わる (かかわる)
心 (こころ)	癒す (いやす)	共生する (きょうせいする)
役割を持つ (やくわりをもつ)	存在 (そんざい)	生命 (せいめい)
全般 (ぜんぱん)	大切にする (たいせつにする)	動物 (どうぶつ)
扱う (あつかう)	忌避する (きひする)	尊重する (そんちょうする)
性別 (せいべつ)	表現する (ひょうげんする)	用法 (ようほう)
想う (おもう)	表れる (あらわれる)	異なる (ことなる)
愛玩する (あいがんする)	保健所 (ほけんじょ)	徘徊する (はいかいする)
捕獲する (ほかくする)	収容する (しゅうようする)	～にも及ぶ (～にもおよぶ)
殺処分率 (さっしょぶんりつ)	社会問題 (しゃかいもんだい)	

3 読もう　　本文を読んで○か×かを答えましょう。

(1)　現在、日本の2人以上の世帯のペット所持率は、半数以下である。　　（　　　　）

(2)　ペットは家族と同様の存在である。　　　　　　　　　　　　　　　　（　　　　）

(3) ペットは動物であるから乱暴に扱ってもよいと思う日本人は多い。　（　　　　）
(4) ことばの用法にもペットを想う気持ちが反映されている。　（　　　　）
(5) 保健所に収容された動物の殺処分率の高さは問題である。　（　　　　）

4　文　型　　　　あたらしい文型を学びましょう。

① 〜といわず〜といわず
［本　文］　そのような人々は、ペットを犬といわず猫といわず尊重する。
［例文1］　雨の中、子どもたちは外で遊んだ。顔といわず手といわず泥だらけになった。
［例文2］　降る雪は山といわず野といわず、至るところを白く覆いつくした。

② 〜ずにはおれない
［本　文］　ことばの用法にもペットを家族のように想わずにはおれない気持ちが表れている。
［例文1］　彼の演技はおかしくて笑わずにはおれない。
［例文2］　持病のため、医者にとめられているが、お酒があれば飲まずにはおれない。

③ 〜をよそに
［本　文］　日本では、愛玩されるペットをよそに、保健所が街で徘徊する犬猫を日々、捕獲したり、収容したりしている。
［例文1］　両親の心配をよそに彼女は1人で海外旅行へ行ってしまいました。
［例文2］　彼は周囲の期待をよそに遊び回っている。

5　会　話　　　　本文に関する話題を話しましょう。

(1) あなたの国ではどのような動物がペットとして飼われていますか。
_____

(2) あなたの国の人にとってペットはどのような存在ですか。
_____

(3) 人々がペットを人間のように扱うことをどう思いますか。
_____

(4) あなたの国では野良犬や野良猫を収容する施設はありますか。

_____

(5) 動物の殺処分について賛成ですか。反対ですか。

_____

6 作文　　　書きましょう。

(1) 「動物を飼うことの是非」
(2) 「飼っている（いた）ペット」

7 資料　　　知識を深めましょう。

◎動物愛護センター　　動物愛護の啓発活動や、捨てられた犬猫の処分を目的に自治体が設けている施設である。保健所が同様の業務を行う自治体もある。

◎里親サイト　　自治体や個人単位で、インターネット上で犬猫の新たな飼い主を探す活動をしているところがある。

◎地域猫　　特定の所有者（飼い主）がいない猫で、かつその猫が住みついている地域の猫好きな複数の住民たちの協力によって世話され、管理されている猫のことである。この中には、特定個人や不特定多数によって、ただ給餌されているだけの猫は含まれない。特定個人によってのみ給餌される猫は当該個人の飼い猫であり、特定個人に養われていない（管理責任を持つ者がいない）猫は野良猫である。

◎桜耳　　行政や地域住民によって保護され、不妊・去勢手術を受けた野良猫は、獣医師により耳に切り込みが入れられる。一度手術をした猫を間違ってもう一度捕獲しないための目印になる。カットされた耳先が桜の花びらに似ていることから、「桜耳の猫」と呼ばれている。

桜耳の猫▶

第 12 章

§1　恋愛結婚と見合い結婚

1　本文　　次の文を読みましょう。

　江戸時代頃までは、地域によっては男女交際①すらあまり認められておらず、結婚の前段階として「見合い」という形が取られてきた。当時の見合いは主に女性の家で行われ、その場で男性が意思表示をするのがならわしであった。
　第二次世界大戦前の日本では、結婚は家と家との結びつきであるとされ、家長の意向による結婚②を余儀なくされていた。当時の結婚は、女性が男性の妻③ともなれば、夫の家に入ることが当たり前であった。
　戦後は、見合い結婚④であろうとも、本人の意向を無視した、双方の家の意向にのみ基づいた結婚は敬遠されるようになり、夫婦間の愛情を持つ繋がりが強調されていくようになってきた。
　その結果、現代は恋愛結婚が多く、見合い結婚であっても夫婦間の愛情が前提となっている。
　しかし、近年の日本では、見合い結婚の機会が減少したこともあり、結婚に至らない例が増えているともいわれている。こうした風潮⑤ゆえに日本社会における晩婚化・非婚化が進んでいるという指摘もある。

2　ことば　　ことばを覚えましょう。

江戸時代（えどじだい）	男女交際（だんじょこうさい）	前段階（ぜんだんかい）
見合い（みあい）	当時（とうじ）	意思表示をする（いしひょうじをする）
ならわし	結びつき（むすびつき）	家長（かちょう）
当たり前（あたりまえ）	意向（いこう）	無視する（むしする）
双方の（そうほうの）	基づく（もとづく）	敬遠する（けいえんする）
繋がり（つながり）	強調する（きょうちょうする）	恋愛結婚（れんあいけっこん）
夫婦（ふうふ）	前提（ぜんてい）	機会（きかい）
〜に至る（〜にいたる）	風潮（ふうちょう）	晩婚化（ばんこんか）
非婚化（ひこんか）	指摘（してき）	

3　読もう　　本文を読んで○か×かを答えましょう。

(1)　現在、男女交際は認められず「見合い」という形が取られている。　　（　　　　　）

(2) 当時の見合いは、男女双方が意思表示をするのがならわしだった。（　　　）
(3) 戦前は、結婚は家と家の結びつきと考えられていた。（　　　）
(4) 戦後は、結婚において夫婦間の愛情を持つ繋がりが重視された。（　　　）
(5) 近年の日本は、晩婚化・非婚化が進んでいる。（　　　）

4　文　型　　　あたらしい文型を学びましょう。

① ～すら
[本　文] 江戸時代頃までは、地域によっては男女交際すらあまり認められておらず、結婚の前段階として「見合い」という形が取られてきた。
[例文1] 毎日忙しくて、ゆっくり食事を取る時間すらない。
[例文2] 先生にすらその問題の答えは分からない。

② ～を余儀なくされる
[本　文] 第二次世界大戦前の日本では、結婚は家と家との結びつきであるとされ、家長の意向による結婚を余儀なくされていた。
[例文1] 大きな失言をした議員は辞職を余儀なくされた。
[例文2] ケガをした選手は引退を余儀なくされた。

③ ～ともなれば
[本　文] 当時の結婚は、女性が男性の妻ともなれば、夫の家に入ることが当たり前であった。
[例文1] さすがに彼女のような有名人ともなれば気軽に町を歩くこともできない。
[例文2] 国内でも難しいのに海外ともなれば、簡単には仕事に就けない。

④ ～であろうと（も）
[本　文] 戦後は、見合い結婚であろうとも、本人の意向を無視した、双方の家の意向にのみ基づいた結婚は敬遠されるようになり、夫婦間の愛情を持つ繋がりが強調されていくようになってきた。
[例文1] いかなる結果であろうと、努力し続けることが大切だ。
[例文2] どのような試練であろうとも、あきらめてはいけない。

⑤ ～ゆえに
[本　文] こうした風潮ゆえに日本社会における晩婚化・非婚化が進んでいるという指摘

もある。

[例文1] 学生を評価する立場になると、相手のことを考えるがゆえに、思い悩む教師も少なくない。

[例文2] 禁断の実を口にしてしまったがゆえに、人間は楽園を追い払われてしまったのである（「創世記」『旧約聖書』）。

5 会話　　本文に関する話題を話しましょう。

(1) あなたの国にはお見合いがありますか。

(2) お見合い結婚のメリット、デメリットは何ですか。

(3) 恋愛結婚のメリット、デメリットは何ですか。

(4) 日本の晩婚化・非婚化を引き起こしている原因を挙げてください。

(5) 日本の晩婚化・非婚化の解決策はありますか。

6 作文　　書きましょう。

(1) 「理想の結婚」
(2) 「晩婚化・非婚化の解決策」

7 資料　　知識を深めましょう。

◎結婚ビジネス　「婚活」ということばが時代のキーワードとして定着したように、最近までの出会いの主流だった「恋愛結婚」から、昔からある「お見合い結婚」の素晴らしさと必要性が見直されて、現在では年々婚活サービスやお見合いパーティーの利用者が増加しているといわれている。

§2　将来のマイホーム像

1　本文　　次の文を読みましょう。

> 「夢のマイホーム」ということばがある。
> 　日本①にとどまらず、「マイホーム志向」というのはどこの国の人でも強く持っている。その中でも日本人の場合は「戸建て住宅志向」が強いとはいえるだろう。特に土地も建物も自己所有し、できれば新築がよいという人が多いわけである。
> 　こうした傾向の背景には、歴史的なもの、文化的なものから経済的なものまでいろいろとある。
> 　まず、諸外国で発達しているような都市内で戸建て感覚で住めるタウンハウス型の住宅供給が極端に少ないという事情がある。そのため、よほど経済的に恵まれている人以外は、都市部では中高層住宅（マンションなど）しかなく、戸建て住宅なら郊外しか選択肢がない。そして、日本人②はおろか、どの国の人々にも土地への執着、自分の庭がほしいという意識はやはり強い。
> 　また、多くの人は中古住宅を嫌う意識が強く、新築住宅③ならいざ知らず、中古戸建て住宅の需要がまだまだ高くないこと、それにともなって新築志向の人が多いことも理由として挙げられるだろう。

2　ことば　　ことばを覚えましょう。

マイホーム（my home）	～志向（～しこう）	戸建て住宅（こだてじゅうたく）
土地（とち）	建物（たてもの）	自己所有（じこしょゆう）
新築（しんちく）	傾向（けいこう）	背景（はいけい）
歴史的（れきしてき）	文化的（ぶんかてき）	経済的（けいざいてき）
諸外国（しょがいこく）	発達する（はったつする）	～感覚（～かんかく）
タウンハウス型（たうんはうすがた）	住宅供給（じゅうたくきょうきゅう）	極端（きょくたん）
よほど	恵まれる（めぐまれる）	都市部（としぶ）
中高層住宅（ちゅうこうそうじゅうたく）	マンション（mansion）	郊外（こうがい）
選択肢（せんたくし）	執着（しゅうちゃく）	庭（にわ）
やはり	中古住宅（ちゅうこじゅうたく）	中古（ちゅうこ）
まだまだ		

3　読もう　　本文を読んで○か×かを答えましょう。

(1)　日本以外の国でも「マイホーム志向」というものはある。　　　　　（　　　　）

(2) 日本人にとって自分で土地や建物を所有することは憧れである。　（　　　）
(3) マイホーム志向の背景にあるものは経済的なものだけである。　（　　　）
(4) 人々の土地所有の欲求は年々弱くなっている。　（　　　）
(5) 日本における新築戸建て住宅市場は広い。　（　　　）

4　文　型　　あたらしい文型を学びましょう。

① ～にとどまらず
[本　文]　日本にとどまらず、「マイホーム志向」というのはどこの国の人でも強く持っている。
[例文１]　彼女は、国内だけにとどまらず、海外でも活躍している。
[例文２]　この電話はメールやインターネット機能にとどまらず、ゲーム機能もついている。

② ～はおろか
[本　文]　日本人はおろか、どの国の人々にも土地への執着、自分の庭がほしいという意識はやはり強い。
[例文１]　仕事での大きな失敗は、利益はおろかまわりの信用も失う。
[例文２]　彼は、日常会話をすることはおろか、簡単な日本語の語彙を書くこともできない。

③ ～ならいざ知らず
[本　文]　新築住宅ならいざ知らず、中古戸建て住宅の需要がまだまだ高くないこと、それにともなって新築志向の人が多いことも理由として挙げられるだろう。
[例文１]　子供ならいざ知らず、大人がそのようなことも知らないなんて恥ずかしいだろう。
[例文２]　新入社員ならいざ知らず、ベテランの山田さんがそのようなミスをするわけがない。

5　会　話　　本文に関する話題を話しましょう。

(1) あなたの国には「マイホーム志向」はありますか。

(2) 戸建て住宅のメリット、デメリットは何ですか。

―――――――――――――――――――――――――――――――

(3) マンションのメリット、デメリットは何ですか。

―――――――――――――――――――――――――――――――

(4) 「マイホーム志向」の背景には何があるか挙げてください。

―――――――――――――――――――――――――――――――

(5) あなたが住むなら、新築住宅と中古住宅のどちらがよいでしょうか。

―――――――――――――――――――――――――――――――

6 作文　　書きましょう。

(1) 「理想のマイホーム」
(2) 「都市における住宅の問題点」

7 資料　　知識を深めましょう。

◎ウサギ小屋　1979年に EC（ヨーロッパ共同体）が出した『対日経済戦略報告書（非公式）』の中で日本の住宅が「ウサギ小屋」(rabbit hutch) と形容されたことから、日本では自嘲を込めた流行語となった。報告書では、「日本は西洋人から見るとウサギ小屋とあまり変わらない家に住む労働中毒者の国」と表現されており、住居に関する箇所を「フランスのような狭くて画一的な都市型集団住宅」に変えても「狭い家に住みながら狂ったように働いている」という意味に変わりはない。「ウサギ小屋」は「欧州に比べて狭い家」といった優劣を意味するものではないが、「狭い」意味で使われることは間違いない。

第 13 章

§1 日本での恐ろしいもの

1 本文　　次の文を読みましょう。

　日本では、古くから恐ろしいものとして「地震・雷・火事・親父」といわれてきた。そこで不思議なことは、親父の存在である。残りはすべて災害なのに、なぜ、親父が入っているのだろうか。本来は「大山風（おおやまじ）」＝「台風」だったようだが、いつの間にか、親父に変わってきたようだ。現代では、親父の力も家庭ではなくなったといっ①てはばからないのに、まさにいいえて妙な表現ではなかろうか。

　日本の家庭内を見ると、大家族から核家族になり、一家が両親と子ども1人の暮らしが普通となってきた。さらに、親父からパパに移行して②からというもの、ますます親父の権威がなくなってきた感がある。

　一方、地震だが、物理学者の寺田寅彦は「天災は忘れた頃にやってくる」という名言を残している。日本は島国であり、山国でもある。2011年の東日本大震災は、まだ記憶にあたらしく鮮やかに残っている。

　過去、20世紀前半から日本での大震災を遡ると、1923年9月1日の関東大震災、1995年1月17日の阪神・淡路大震災、2004年10月23日の新潟・中越大震災、2011年3月11日の東日本大震災と、日本列島に大きな爪痕を残したものが挙げられる。規模は大小さまざまあるが、それが国民の意識から風化していくほうがさらに恐ろしいことではなかろうか。

2 ことば　　ことばを覚えましょう。

恐ろしい（おそろしい）	地震（じしん）	雷（かみなり）
親父（おやじ）	不思議（ふしぎ）	災害（さいがい）
いいえて妙（いいえてみょう）	核家族（かくかぞく）	一家（いっか）
移行する（いこうする）	権威（けんい）	寺田寅彦（てらだとらひこ）
天災（てんさい）	名言（めいげん）	記憶（きおく）
鮮やかな（あざやかな）	遡る（さかのぼる）	阪神・淡路（はんしん・あわじ）
新潟・中越（にいがた・ちゅうえつ）	爪痕（つめあと）	規模（きぼ）
風化する（ふうかする）		

3 読もう　　本文を読んで答えましょう。

(1) この文章で筆者が感じる一番恐ろしいものは何だといっていますか。

(　　　　　　　　　　　　　　　　　　　　　　　　　　　　　　　　　　)

(2) 親父の権威がなくなった理由は何だといっていますか。

(　　　　　　　　　　　　　　　　　　　　　　　　　　　　　　　　　　)

4 文型　　あたらしい文型を学びましょう。

① 〜てはばからない
[本　文] 現代では、親父の力も家庭ではなくなったといってはばからないのに、まさにいいえて妙な表現ではなかろうか。
[例文1] あの学生はT大学に必ず合格するといってはばからない。
[例文2] 社長はわが社では不正はないと断言してはばからない。

② 〜からというもの
[本　文] 親父からパパに移行してからというもの、ますます親父の権威がなくなってきた感がある。
[例文1] タバコをやめてからというもの、すっかり太ってきた。
[例文2] 日本で一人暮らしを始めてからというもの、親のありがたさが分かってきた。

5 会話　　本文に関する話題を話しましょう。

(1) あなたの地震体験について話しましょう。

―――――――――――――――――――――――――――――――――――

(2) 父親の権威について話しましょう。

―――――――――――――――――――――――――――――――――――

6 作文　　書きましょう。

(1) 「わが家の父親」
(2) 「私が感じる恐ろしいもの」

§2　家族の団らん

1　本文　　次の文を読みましょう。

> 　団らんとは、食事を中心に家族が集まり、談笑するなどして家族の絆を確認し、楽しむ行為である。日本では都会の核家族や独身者が正月や彼岸に、休暇①がてら、帰省することが多く、例年、高速道路や新幹線などが混雑する。しかし現在、日本において核家族化、男女共同参画社会が進んだ②がために、「家族団らん」で食事をするという光景は減っている。子どもたちを中心として現代人は「孤食」をする機会が増えてきている。
>
> 　内閣府の「国民生活に関する世論調査」（2014年度6月）では、子育ての最も大変な時期である30代の男女の就業時間や家事時間を調査している。30代男性は、いわゆる働き盛りとされ、進んで遅くまで就業している③と思いきや、実際は違うようだ。「充実感を感じるのは、主にどのような時か」という質問項目に対して回答が、「仕事にうちこんでいる時」よりも「家族団らんの時」に充実感を得ているという割合が他の年齢④にもまして高くなっている。家庭を大切に思う気持ちを抑えて日本人は、長時間就業をしているという実態を表しているのではなかろうか。

2　ことば　　ことばを覚えましょう。

団らん（だんらん）	食事（しょくじ）	家族（かぞく）
集まる（あつまる）	談笑する（だんしょうする）	絆（きずな）
独身者（どくしんしゃ）	正月（しょうがつ）	彼岸（ひがん）
休暇（きゅうか）	帰省する（きせいする）	例年（れいねん）
高速道路（こうそくどうろ）	新幹線（しんかんせん）	混雑する（こんざつする）
男女共同参画社会（だんじょきょうどうさんかくしゃかい）	進む（すすむ）	食事をする（しょくじをする）
「孤食」（こしょく）	内閣府（ないかくふ）	国民生活（こくみんせいかつ）
関する（かんする）	世論調査（よろんちょうさ）	子育て（こそだて）
時期（じき）	就業時間（しゅうぎょうじかん）	家事時間（かじじかん）
調査する（ちょうさする）	いわゆる	働き盛り（はたらきざかり）
進んで〜する（すすんで〜する）	就業する（しゅうぎょうする）	質問項目（しつもんこうもく）
〜にうちこむ	得る（える）	長時間（ちょうじかん）
実態（じったい）	表す（あらわす）	

3 読もう　　本文を読んで○か×かを答えましょう。

(1) 団らんとは、家族の絆を確認し、一緒にいる時間を楽しむ行為である。
　　　　　　　　　　　　　　　　　　　　　　　　　　　（　　　）
(2) 日本では、正月や彼岸には田舎に帰省することが多い。（　　　）
(3) 日本では核家族による「家族の団らん」が多くなっている。（　　　）
(4) 働き盛りの30代男性は、「遊んでいる時」が一番充実していると感じている。
　　　　　　　　　　　　　　　　　　　　　　　　　　　（　　　）
(5) 日本人は家庭を大切に思う気持ちを我慢して働いている。（　　　）

4 文　型　　あたらしい文型を学びましょう。

① ～がてら
[本　文] 日本では都会の核家族や独身者が正月や彼岸に、休暇がてら、帰省することが多く、例年、高速道路や新幹線などが混雑する。
[例文1] 田中さんは買物がてら美容院に行った。
[例文2] 先日お世話になったお礼がてら、部長のお宅にご挨拶にうかがった。

② ～（ん）がために
[本　文] しかし現在、日本において核家族化、男女共同参画社会が進んだがために、「家族団らん」で食事をするという光景は減っている。
[例文1] その男性は、子どもを救わんがために川に飛び込み、命を落とした。
[例文2] 松田さんは大学に進学せんがために毎日必死で勉強した。

③ ～と思いきや
[本　文] 30代男性は、いわゆる働き盛りとされ、進んで遅くまで就業していると思いきや、実際は違うようだ。
[例文1] 彼は歌が上手だからカラオケが好きかと思いきや、そうでもない。
[例文2] 日曜日だからディズニーランドは混雑していると思いきや、空いていた。

④ ～にもまして
[本　文] 「仕事にうちこんでいる時」よりも「家族団らんの時」に充実感を得ているという割合が他の年齢にもまして高くなっている。
[例文1] 半年前にもまして、彼の日本語は下手になっている。

［例文 2］　着物姿の彼女はいつにもまして美しい。

5　会　話　　本文に関する話題を話しましょう。

(1)　あなたの国において「家族団らん」は大切なものですか。

_____

(2)　あなたの国では「家族団らん」の光景は変化していますか。

_____

(3)　「家族団らん」するのはどういう時ですか。

_____

(4)　日本で「家族団らん」が減少している原因を挙げてください。

_____

(5)　あなたは、家族と一緒にいる時、何を話しますか。

_____

6　作　文　　書きましょう。

(1)　「私の家族団らん」
(2)　「家族団らんの変化と今後」

7　資　料　　知識を深めましょう。

◎内閣府の「国民生活に関する世論調査」　現在の生活や今後の生活についての意識、家族・家庭についての意識など、国民の生活に関する意識や要望を種々の観点でとらえ、広く行政一般の基礎資料とされている調査・報告書。

参考文献

【第1章 §1 酒のつきあい】
神崎宣武『酒の日本文化―知っておきたいお酒の話』（2006年）角川書店（角川文庫）
吉田元『日本の食と酒』（2014年）講談社（講談社学術文庫）

【第1章 §2 インスタント食品】
石毛直道『世界の食べもの』（2013年）講談社（講談社学術文庫）

【第2章 §1 健康産業の隆盛】
健康博覧会「国内最大級の健康産業ビジネストレードショー」
　www.this.ne.jp/

【第2章 §2 日本のスポーツ文化】
山本茂『留学生のための日本事情』（1998年）大学教育出版
「武道の理念」
　www.nipponbudokan.or.jp

【第3章 §1 携帯電話依存症】
新村出（編）『広辞苑　第5版（電子版）』（1998年）岩波書店
グループ・ジャマシイ（編著）、徐一平（代表、中国語訳）『日本語文型辞典（電子版）』（2001年）外語教学与研究出版社
松岡榮志ほか（編著）『超級クラウン中日辞典（電子版）』（2008年）三省堂
「"手机依赖症"正在蔓延……（组图）」网易［引用日期2012年11月22日］．
　http：//news.163.com/12/0515/15/81ICH21800014AED.html

【第4章 §1 子どもと不登校】
岡まゆみ（編著）『上級へのとびら』（2009年）くろしお出版
「教育再生考―現場からの報告」『産経新聞』2014年7月31日朝刊
「不登校小中生12万人」『産経新聞』2014年8月8日朝刊

【第5章 §1 スポーツくじ】
新村出（編）『広辞苑　第5版（電子版）』（1998年）岩波書店
グループ・ジャマシイ（編著）、徐一平（代表、中国語訳）『日本語文型辞典（電子版）』（2001年）外語教学与研究出版社
松岡榮志ほか（編著）『超級クラウン中日辞書（電子版）』（2008年）三省堂
「中国体彩开出史上最高奖：山东一彩民中4.97亿元」『搜狐新闻』［引用日期2014年8月5日］．
　http：//news.sohu.com/20140805/n403110659.shtml

【第5章 §2 食のタブー】
「サヴァ・ヴィヴル」『サピオ』 1992年12月22日号、小学館

【第6章 §2 立ち食いそば】
松村明（編）『大辞林　第2版』（1995年）三省堂

【第7章 §1 年齢とお祝い】
　羽田野洋子・倉八順子『日本語の表現技術―読解と作文 中級』（1995年）古今書院
　「ちょうじゅいわいの名称とその由来」
　　　www.jp-guide.net/manner/ta/cyouju.html

【第7章 §2 メイド・イン・チャイナ】
　新村出（編）『広辞苑 第5版（電子版）』（1998年）岩波書店
　マーチン・クリストファー（著）、田中浩二・e-Logistics研究会（訳）『ロジスティクス・マネジメント戦略―e-ビジネスのためのサプライチェーン構築手法』（2000年）ピアソン・エデュケーション
　グループ・ジャマシイ（編著）、徐一平（代表、中国語訳）『日本語文型辞典（電子版）』（2001年）外語教学与研究出版社
　高橋輝男『バリューチェーン進化論』（2005年）流通研究社
　松村明（編）『大辞林（第3版）』（2006年）三省堂
　松岡榮志ほか（編著）『超級クラウン中日辞書（電子版）』（2008年）三省堂
　「"微笑曲线"―施振荣」网易财经［引用日期2012年9月5日］.
　　　http://money.163.com/10/0625/14/6A1GCL9H00253G87.html
　「民族品牌助推中国力量」［引用日期2012年11月5日］.
　　　http://news.hexun.com/2012-02-06/137795338.html
　「新民周刊：中国制造遭遇困境」新浪［引用日期2012年11月5日］.
　　　http://news.sina.com.cn/c/2008-09-10/111516266677.shtml
　「中国制造业的出路」［引用日期2012年11月5日］.
　　　http://finance.qq.com/a/20090430/003773.htm
　「中国制造"誉满全球」新浪［引用日期2012年11月5日］.
　　　http://finance.sina.com.cn/roll/20111009/065610585056.shtml
　「中国制造被"群殴"全球40％贸易保护针对中国」中国网［引用日期2012年11月5日］.
　　　http://news.china.com.cn/live/2012-11/05/content_16990824.htm
　「宏碁微笑曲线失灵：2012全年或将继续亏损」腾讯［引用日期2013年2月17日］.
　　　http://tech.qq.com/a/20130217/000033.htm?pgv_ref=aio2012&ptlang=2052
　「製造大国から製造強国への転換（国家行政学院経済学部副主任・董小君教授の人民網による単独インタビュー）」『人民網日本語版』2013年11月29日
　　　http://j.people.com.cn/
　「从"中国制造"到"中国智造" 从"中国制造"到"中国智造"」新华网［引用日期2014年4月10日］.
　　　http://news.xinhuanet.com/fortune/2014-04/10/c_1110186598.htm
　「卡梅伦赠奥巴马乒乓球桌 被曝"中国制造"（图）」新华网［引用日期2014年4月10日］.
　　　http://news.xinhuanet.com/world/2012-03/19/c_122852527.htm
　「美媒呼吁美国人别买中国制造 否则是资助解放军」新华网［引用日期2014年9月6日］.
　　　http://news.xinhuanet.com/mil/2014-09/04/c_126953678_2.htm

【第8章 §2 ゴミ問題】
　赤木浩文ほか（編）『トピックによる日本語総合演習―上級用資料集』（2007年）スリーエーネットワーク
　「全国のごみデータ（小学生のひろば）」
　　　www.re-square.jp/kids/data/all_index.html

【第9章 §1 日本のファストファッション】
　ヘス・ベガ（著）、溝口美千子・武田祐治（訳）『世界中を虜にする企業―ZARAのマーケティング＆ブランド戦略』（2010年）アチーブメント出版
　佐山周・大枝一郎『1秒でわかる！ アパレル業界ハンドブック』（2011年）東洋経済新報社

岩崎剛幸『図解入門業界研究　最新アパレル業界の動向とカラクリがよ～くわかる本』（How-nual Industry Trend Guide Book）（2012 年）秀和システム

齊藤孝浩『ユニクロ対 ZARA』（2014 年）日本経済新聞出版社

【第 10 章　§1　若者と就職難】

新村出編『広辞苑　第 5 版（電子版）』（1998 年）岩波書店

グループ・ジャマシイ（編著）、徐一平（代表、中国語訳）『日本語文型辞典（電子版）』（2001 年）外語教学与研究出版社

松岡榮志ほか編著『超級クラウン中日辞典（電子版）』（2008 年）三省堂

「搜狐教育　何志涛博客」
　blog.sohu.com

「大学生就业难的七大原因」
　http：//learning.sohu.com/s2006/06dxsjyn/

「中国就业问题出路（凤凰资讯）」
　http：//news.ifeng.com/special/jiuye/

【第 10 章　§2　日本企業の今】

本郷逕子（編著）『現代社会―日本人のものの見方』（1994 年）凡人社

「日本的経営の特質」
　www.nct9.ne.jp/s12/kic/c8.html

「年間実労働時間の国際比較（1960～2012 年）」
　http：//www2.ttcn.ne.jp/honkawa/3100.html

【第 11 章　§2　日本人とペット】

宇都宮直子『ペットと日本人』（1999 年）文藝春秋（文春新書）

藤崎童士『殺処分ゼロ――先駆者・熊本市動物愛護センターの軌跡』（2011 年）三五館

太田匡彦『犬を殺すのは誰か――ペット流通の闇』（2013 年）朝日新聞出版（朝日文庫）

【第 12 章　§1　恋愛結婚と見合い結婚】

小倉千加子『結婚の条件』（2007 年）朝日新聞出版（朝日文庫）

中西圭司『仲人ビジネス』（2014 年）主婦と生活社

中村義裕『日本の伝統文化しきたり事典』（2014 年）柏書房

【第 12 章　§2　将来のマイホーム像】

高橋正典『マイホームは、中古の戸建てを買いなさい！』（2011 年）ダイヤモンド社

長谷川高『家を買いたくなったら　新版』（2011 年）WAVE 出版

高橋正典・淡河範明・高橋治『いい家を手に入れる 45 の方法』（2013 年）エクスナレッジ

松本美江『英語で日本紹介ハンドブック　改訂版』（2014 年）アルク

【第 13 章　§2　家族の団らん】

表真美『食卓と家族―家族団らんの歴史的変遷』（2010 年）世界思想社

内閣府「2014 年度　国民生活に関する世論調査」
　http：//survey.gov-online.go.jp/h26/h26-life/

N1 文型リスト

【あ行】
- ～あっての
- ～いかんだ
- ～いかんにかかわらず
- ～いかんによらず
- ～いかんを問わず
- ～(よ)うが
- ～(よ)うが～まいが
- ～(よ)うと(も)
- ～(よ)うと～まいと
- ～(よ)うにも～ない

【か行】
- ～かぎりだ
- ・かたがた
- ～かたわら
- ～がてら（第13章-2）
- ～が早いか
- ～からある
- ～からする
- ～からというもの（第13章-1）
- ～からの
- ～かれ～かれ
- ～きらいがある（第10章-1）
- ～極まりない
- ～極まる
- ～くらいなら
- ～ごとき
- ～ごとく

【さ行】
- ～始末だ
- ～ずにはおかない
- ～ずにはおれない（第11章-2）
- ～ずにはすまない
- ～すら（第12章-1）
- ～そばから

【た行】
- ～たが最後
- ～たところで
- ～だに
- ～たら最後
- ～たら～たで
- ～たりとも……ない
- ～たるもの（は）
- ～つ……つ
- ～っぱなしだ
- ～であれ
- ～であれ……であれ
- ～であろうと（第12章-1）
- ～であろうと……であろうと
- ～てからというもの（は）
- ～でなくてなんだろう（か）
- ～ではあるまいし
- ～て(は)いられない
- ～てはかなわない
- ～ては……、～ては……
- ～てはばからない（第13章-1）
- ～手前
- ～てやまない
- ～と相まって（第7章-1）
- ～とあって
- ～とあれば
- ～といい～といい……
- ～というもの（は）
- ～といえども
- ～といったところだ
- ～といったらない（第11章-1）
- ～といわず～といわず（第11章-2）
- ～と思いきや（第13章-2）
- ～ときたら
- ～ところを
- ～とて
- ～とは
- ～とはいえ（第10章-2）
- ～とばかり（に）
- ～ともあろう
- ～ともなく
- ～ともなしに
- ～ともなると（第2章-1）
- ～ともなれば（第12章-1）

【な行】
- ～ないではおかない
- ～ないではすまない
- ～ないまでも（第8章-1）
- ～ないものでもない
- ～ながらにして
- ～なくして（は）
- ～なしでは
- ～なしに（は）
- ～ならいざしらず（第12章-2）
- ～なら～で
- ～ならでは
- ～なり
- ～なり～なり
- ～なりに
- ～にあって（第7章-2）
- ～に至って
- ～に至っては
- ～に至っても
- ～に至るまで（第7章-2）
- ～に関わる（第1章-1）
- ～にかこつけて
- ～にかたくない
- ～にかまけて
- ～にしたところで
- ～にして
- ～に忍びない
- ～に即して
- ～に堪えない
- ～に堪える
- ～に足る
- ～にて
- ～に照らして
- ～にとどまらず（第12章-2）
- ～に～ない
- ～に則って
- ～にはあたらない
- ～に恥じない
- ～にひかえ
- ～にひきかえ
- ～にまつわる
- ～にもまして（第13章-2）

- ～の至りだ

【は 行】
- ～はおろか（第12章-2）
- ～ばこそ（第4章-1）
- ～ばそれまでだ
- ～ば～で
- ～べからざる
- ～べからず
- ～べく
- ～べくして
- ～べくもない

【ま 行】
- ～まじき
- ～までだ
- ～までのことだ
- ～までもない
- ～もさることながら（第8章-2）
- ～ものと思う
- ～ものと思われる（第5章-1）
- ～ものを

【や 行】
- ～や
- ～や否や
- ～やら
- ～ゆえに（第12章-1）
- ～ようが
- ～ようが～まいが
- ～ようでは
- ～ようと～まいと
- ～ようとも
- ～ようにも～ない
- ～より

【を・ん】
- ～をいいことに
- ～をおいて（第4章-1）
- ～をおして
- ～を限りに
- ～をかねて
- ～を皮切りとして（にして）
- ～を禁じえない
- ～を契機として（第8章-2）
- ～をひかえて
- ～をふまえて
- ～を経て
- ～をもって
- ～をものともせずに
- ～を余儀なくされる（させる）（第12章-1）
- ～をよそに（第11章-2）
- ～（ん）がために（第13章-2）
- ～んばかりだ

N2 文型リスト

【あ 行】
- ～あげく
- ～あまり
- あまりの～に
- ～以上
- ～一方で (第2章-2)
- ～うえで (第7章-2)
- ～うえ (に)
- ～うえは
- ～(よ)うか～まいか
- ～うちに
- ～(よ)うではないか
- ～(よ)うとしている
- ～(よ)うものなら
- ～得(う)る
- ～得(え)ない
- ～おかげだ
- ～おそれがある

【か 行】
- ～限り
- ～限り (は)
- ～限りでは
- ～がたい
- ～かと思うと
- ～かと思ったら
- ～か～ないかのうちに
- ～かねない
- ～かねる
- ～からいうと
- ～からして
- ～からすると
- ～からといって
- ～からには
- ～きり
- ～くらい
- ～ぐらい
- ～こと
- ～ことか
- ～ことから (第10章-1)
- ～ことだ
- ～ことだし

- ～ことだろう
- ～ことなく
- ～ことに
- ～ことは～が
- ～ことはない

【さ 行】
- ～際 (に)
- ～最中 (さいちゅう) だ
- ～さえ
- ～ざるをえない (第10章-2)
- ～しかない
- ～次第
- ～次第だ
- ～末 (に)
- ～ずじまいだ
- ～ずにはいられない (第3章-1)
- ～せいだ

【た 行】
- ～たいものだ (第8章-2)
- ～だけ
- ～だけに (第10章-1)
- ～だけ (のことは) ある (第4章-2)
- ただ～のみ (第8章-2)
- ～たところ
- ～たとたん (に)
- ～だの～だの
- ～つつ (第6章-1)
- ～つつ (も)
- ～つつある (第7章-2)
- ～て以来
- ～てからでないと
- ～てからでなければ
- ～てこのかた
- ～てしかたない
- ～てしょうがない
- ～てたまらない
- ～てでも
- ～てならない
- ～ではあるまいか (第4章-1)

- ～てはじめて
- ～てほしいものだ (第2章-2)
- ～てまで
- ～というか～というか
- ～ということだ
- ～というと (第2章-2)
- ～というものだ
- ～というものではない
- ～というものでもない
- ～というわけだ
- ～というわけではない
- ～といえば (第5章-1)
- ～といった (第4章-1)
- ～といったら
- ～といっても (第6章-2)
- ～(か)と思うと
- ～(か)と思ったら
- ～どころか
- ～ところから
- ～ところだった
- ～どころではない
- ～としたら
- ～として (第1章-2)
- ～として～ない
- ～としても
- ～とすると
- ～とすれば
- ～とともに (第7章-1)
- ～となったら
- ～(のこと)となると
- ～となると
- ～となれば
- ～とのことだ
- ～とは (第9章-1)
- ～とは～ことだ (第2章-1)
- ～とはいいながら
- ～とはいうものの (第5章-1)
- ～とみえる

【な 行】
- ～ないことには
- ～ないではいられない

- ～ないもの（だろう）か
- ～ないわけに（は）いかない
- ～ながらの（第7章-1）
- ～ながら（も）
- ～など
- ～なんか
- ～なんて
- ～にあたって
- ～において（第2章-1）
- ～に応じて
- ～にかかわらず
- ～にかかわりなく
- ～に限って
- ～に限らず
- ～に限り
- ～にかけては
- ～に関して（第10章-1）
- ～にきまっている
- ～に越したことはない
- ～にこたえて
- ～に際して（第1章-1）
- ～に先立って
- ～にしたがって
- ～にしたら
- ～にしては
- ～にしてみれば
- ～にしても
- ～にしても～にしても
- ～にしろ
- ～にしろ～にしろ
- ～にすぎない（第5章-1）
- ～にすれば
- ～にせよ
- ～にせよ～にせよ
- ～に相違ない
- ～に沿って
- ～に対して（第5章-1）
- ～に違いない
- ～につき
- ～につけて
- ～につれて（第10章-2）
- ～にとって
- ～にともなって（第3章-1）
- ～にほかならない
- ～にもかかわらず

- ～に基づいて
- ～によって
- ～によっては（第6章-2）
- ～による（第3章-1）
- ～にわたって
- ～のことだから
- ～のこととなると
- ～のみならず
- ～のもとで／～のもとに（第10章-2）
- ～のもとに

【は 行】
- ～ばかりか
- ～ばかりだ
- ～ばかりに
- ～はさておき
- ～はともかく（として）
- ～はもとより
- ～はもちろん～まで（第2章-1）
- ～べきだ
- ～べきではない

【ま 行】
- ～まい
- ～まで
- ～までして
- ～向けだ
- ～もかまわず
- ～もの
- ～ものか
- ～ものがある
- ～ものだ（第1章-2）
- ～ものだから
- ～もので
- ～ものではない
- ～ものなら
- ～ものの

【や 行】
- ～やら～やら
- ～ようか～まいか
- ～ようがない
- ～ようです（第2章-2）
- ～ようではないか

- ～ようとしている
- ～ようものなら
- ～よりほかない

【わ 行】
- ～わけがない
- ～わけではない
- ～わけだ
- ～わけには（も）いかない
- ～わりに（は）

【を・ん】
- ～を通じて（第7章-1）
- ～を通して
- ～を抜きにしては（第10章-2）
- ～をはじめ（として）（第1章-1）
- ～をめぐって
- ～をもとに（して）

索　引

●ア　行●

アイデンティティー	28
アインシュタイン	37
アニメーション	52
アレンジ	22
安藤百福	4
一億総健康ブーム	7
一汁三菜	30
衣料品	49
上野公園	11
円高	59

●カ　行●

核家族	8, 74
数え年	38
価値観	36
過労死	60
環境問題	46
冠婚葬祭	1, 36
機会	66
企業内組合	58
教育制度	19
協調性	13
クールジャパン	52
駆除	61
グローバル化	59
経済的	69
啓蒙	53
健康産業	7
公害	23
交渉力	55
考慮	31
穀物生産量	46
国連	59

●サ　行●

災害大国	29
産業革命	53
三種の神器	58
三位一体	20
～志向	69
収益金	25
就職難	55
終身雇用	58
集団主義的	60
柔軟性	55
受験戦争	19
精神	10
世界無形文化遺産	30
宣誓	5

●タ　行●

大容量	16
ダウンロード	16
タブー	28
食べ残し	61
男女交際	66
端末機	16
団らん	74
地球温暖化	20, 43
抽選	25
超高齢化社会	7
手塚治虫	52
寺田寅彦	72
転換戦略	39
天災	72
登校拒否	19
徳川家康	8
特許	4

●ナ　行●

苦手	23
二十四節気	36
年功序列	58

●ハ　行●

排出量	46
パイロット	22
ヒートアイランド現象	43
被爆国	31
品質管理	39
ファッションブランド	49
風化	72

索　引

夫婦	66	メモリー	16
不気味	61	●ヤ　行●	
福利厚生費	25		
武道	10	屋台	33
不登校	21	●ラ　行●	
プラットフォーム	33		
プロフェッショナル	22	ラマダーン	28
分別	47	リサイクル	48
平均寿命	38	流行	49
ペット	63	劣等感	13
		老人ホーム	5
●マ　行●		●ワ　行●	
マイホーム	69		
満年齢	38	枠	10
銘柄	39		

85

【編著者】

山口　隆正（やまぐち　たかまさ・Takamasa Yamaguchi）
　1986 年　東洋大学大学院文学研究科国文学専攻博士前期
　　　　　課程修了
　現　職　拓殖大学国際交流留学生センター副センター長
　　　　　拓殖大学留学生別科長・日本語教育研究所長
　　　　　拓殖大学商学部教授
　本書担当箇所：第 6 章 §2、第 8 章 §1、第 11 章 §1、第 13 章 §1

【執筆者】

田中　洋子（たなか　ようこ・Yoko Tanaka）
　学習院大学大学院人文科学研究科修士課程卒業（国文学専攻）
　拓殖大学・拓殖大学留学生別科・学習院大学講師
　本書担当箇所：第 1 章 §2、第 3 章 §2、第 4 章 §2、第 5 章 §2、
　　　　　　　　第 6 章 §1、第 9 章 §2

福嶋　美知子（ふくしま　みちこ・Michiko Fukushima）
　拓殖大学大学院経済学研究科博士前期課程修了
　拓殖大学大学院国際協力学研究科博士前期課程修了
　拓殖大学留学生別科講師
　本書担当箇所：第 2 章 §1、第 2 章 §2、第 4 章 §1、第 7 章 §1、
　　　　　　　　第 8 章 §2、第 10 章 §2

張　　樺（ちょう　か・Zhang Hua）
　日本・杏林大学大学院国際文化交流科修士課程修了
　中国・西安・陝西師範大学外国語学院日本語学部講師
　本書担当箇所：第 3 章 §1、第 5 章 §1、第 7 章 §2、第 10 章 §1

秋山　智美（あきやま　さとみ・Satomi Akiyama）
　日本大学大学院文学研究科国文学専攻博士後期課程満期修了
　拓殖大学留学生別科講師
　本書担当箇所：第 1 章 §1、第 9 章 §1、第 11 章 §2、第 12 章 §1、
　　　　　　　　第 12 章 §2、第 13 章 §2

はばたけ　日本語

2015 年 3 月 20 日　第 1 版 1 刷発行

編著者―山口　隆正
発行者―森口恵美子
印刷所―美研プリンティング（株）
製本所―(株)グリーン
発行所―八千代出版株式会社
　〒101-0061　東京都千代田区三崎町 2-2-13
　　　TEL　03-3262-0420
　　　FAX　03-3237-0723
　　　振替　00190-4-168060

＊定価はカバーに表示してあります。
＊落丁・乱丁本はお取替えいたします。

© 2015 Printed in Japan　　　ISBN978-4-8429-1642-2